CRÓNICA DE UNA ODISEA

Del estallido social al estallido de las urnas

ERNESTO OTTONE

CRÓNICA DE UNA ODISEA

Del estallido social al estallido de las urnas

Catalonia

OTTONE, ERNESTO

Crónica de una odisea
Del estallido social al estallido de las urnas

Santiago, Chile: Catalonia, 2022
184 p.; 15 x 23 cm

ISBN: 978-956-324-996-5

CIENCIA POLÍTICA
320

Dirección editorial: Arturo Infante Reñasco

Diseño de portada: Amalia Ruiz Jeria
Composición: Salgó Ltda.
Corrección de textos: Andrea Ledermann Stutz
Impresión: Salesianos Impresores S.A.

El contenido de este libro cuenta con la autorización de COPESA

Primera edición: noviembre 2022

ISBN: 978-956-324-996-5
RPI: trámite d1y5jv - 11/11/2022

Santa Isabel 1235, Providencia
Santiago de Chile
www.catalonia.cl - @catalonialibros

A la memoria de Julio Labastida Martín del Campo,
querido y entrañable amigo,
intelectual mexicano y cosmopolita.

“Huye, Adso, de los profetas y de los que están dispuestos a morir por la verdad, porque suelen provocar también la muerte de muchos otros, a menudo antes que la propia, y a veces en lugar de la propia”.

UMBERTO ECO

“Los fanáticos tienen sus ensueños
con los que forjan un paraíso para su secta”.

JOHN KEATS

“El fanático es quien considera que su creencia no es simplemente un derecho suyo,
sino una obligación para él y todos los demás”.

FERNANDO SAVATER

ÍNDICE

Introducción
Tiempos de alboroto

Realmente este libro no fue idea mía, fue una idea de mi editor amigo e interlocutor Arturo Infante, quien en una de nuestras habituales conversaciones me comentó que quizás sería una buena idea reunir en un libro las columnas de los últimos tres años que mensualmente publico en el diario *La Tercera*. El periódico, al ser consultado, las puso gentilmente a nuestra disposición, actitud generosa que agradecemos.

Al juntarlas y releerlas, vi que efectivamente podría tener sentido, porque esos últimos años habían sido un trienio muy particular en la historia de Chile. Un período agitado, inestable y crispado, muy distinto a aquel que acompañó la marcha del país desde el retorno de la democracia.

Esos años duros y turbulentos incluyeron además una inquietante invitada de piedra: la pandemia.

Las referidas columnas, al ser mensuales, están cerca de la actualidad pero no encima de ella y como no son del todo breves, dejan espacio para una cierta distancia reflexiva que permite al columnista pasar sus emociones por el cedazo de la razón y dejar que sus impresiones acerca de los acontecimientos sean templadas por el paso del tiempo.

Al releerlas no tuve que sonrojarme por encontrar un juicio atolondrado, lejano a lo que pienso hoy una vez que el tiempo ha hecho su trabajo de poner muchas cosas en su lugar dejando al desnudo visiones desmesuradas del momento o juicios absurdos.

Por supuesto, ellas contienen esperanzas que no se cumplieron, los hechos mostraron que eran demasiado ambiciosas, solicitaban a guerreros y fanáticos una actitud de templanza y buena voluntad ajenas a lo más profundo de su carácter y sus rígidas convicciones.

Algunos consejos para quienes ocupaban y ocupan posiciones de poder no fueron escuchados ni menos tomados en cuenta. Es claro que esas personas estaban en su justo derecho, no tenían porqué hacer caso a un columnista de a pie, que finalmente no tienen más ambición que exponer sus ideas a sus lectores.

En ese plano, creo que el conjunto de columnas se mantiene en un espacio de libertad, de ausencia de partisanismo y se inspira en un núcleo de valores amplios y hechos públicos por el autor. Si bien de pronto puede escapar una mirada irónica, los nombres de personajes y personajillos casi no aparecen. Ellas tratan de debatir ideas más que de interpelar personas.

Como dice un buen amigo futbolero "se trata más bien de ir a la pelota que al hombre". Ello hace de cada una de ellas algo vigente, cuya pertinencia será, por cierto, juicio del lector.

Me parece necesario enmarcarlas en una mirada de conjunto, con los ojos de hoy, una vez que el tiempo ha pasado y muchos de los acontecimientos han tenido un desenlace a lo menos parcial.

Es lo que me propongo hacer en las líneas que vienen a continuación.

"De repente en primavera", fue el título de mi primera columna, escrita después del 18 de octubre de 2019. Con ese título parafraseaba la obra de teatro de Tennessee Williams, que con guión del propio autor y de Gore Vidal con la dirección de Joseph L. Mankiewicz y las magníficas actuaciones de Elizabeth Taylor, Katharine Hepburn y Montgomery Clift, dio origen en 1959 a la extraordinaria película "De repente en el verano".

Hasta allí el parecido, porque no me cuento entre quienes vivieron ese día de violencia, y los que le siguieron, como un magnífico acto de rebeldía, como una espléndida revuelta que anunciaba vientos revolucionarios, como la justa redención de "los que ansían pan", como el fuego purificador de tanto abuso y sufrimiento, como tampoco entre aquellos que señalando no gustar de la violencia la comprendían como necesaria para lograr los cambios o como algo que si bien causa estragos es, al fin y al cabo, "la partera de la historia".

Ninguna razón me pareció buena para explicar el incendio de 7 estaciones de Metro en La Florida, Puente Alto y Maipú, la destrucción de varias otras en Santiago y la de otras 18, el día después.

El Metro, símbolo de un Chile que se acercaba al umbral del desarrollo, quedó a muy mal traer. En los días y semanas siguientes la destrucción se expandió a museos, embajadas, negocios, supermercados, parques, plazas e iglesias.

La algarada se extendió a Valparaíso, Concepción y otras ciudades, destruyendo el centro de esas ciudades y barrios enteros.

A través de muchos actos de violencia resultaron miles de personas heridas y 34 personas muertas. De los heridos 2.000 fueron carabineros, de acuerdo a la información que nos entregó Iván Poduje, arquitecto y urbanista que siguió muy de cerca lo sucedido.

Claro que hubo represión ante la violencia, pero no una acción del gobierno destinada a una violación sistemática de los derechos humanos. La prensa actuó siempre sin censura y las libertades se mantuvieron en ocasiones a costa del orden público. La situación se volvió muy dura, pero la sombra de una dictadura jamás asomó su rostro.

Durante varias semanas se combinaron acciones organizadas y espontáneas, hasta que luego de una noche particularmente destructiva, el 15 de noviembre un amplio número de congresistas logró el acuerdo "La Paz Social y la Nueva Constitución". Ello marcó un camino y una inflexión importante, que produciría si no un apaciguamiento total, un cierto regreso a una situación algo más tranquila y un alejamiento del miedo y la incertidumbre básica en relación al futuro de la convivencia democrática.

Si la violencia fue la marca indeleble de lo sucedido, no todo fue así.

Hubo también grandes manifestaciones de descontento ciudadano que se expresaron en plazas y calles de manera pacífica, incluso con aspectos lúdicos. Era la expresión de un malestar, de una frustración con bastante contenido generacional, sobre todo de sectores medios, los que –utilizando las palabras del pensador francés de fines del siglo XVIII y principios del siglo XIX Alexis de Tocqueville–, habiendo logrado avances sociales importantes "más sentían lo que les faltaba".

La disminución de la capacidad del país para dar respuestas a sus nuevas aspiraciones y esfuerzos por llegar más lejos en sus vidas, les producía desencanto, desilusión y finalmente ira.

Esos sectores que participaban en las manifestaciones pacíficas no estaban dispuestos a realizar acciones de violencia, pero se mostraban reacios a condenar a quienes la ejercían.

Aquello dejó libre las manos de traficantes y saqueadores, a miembros de las barras bravas, a jóvenes enrabiados, a extremistas convencidos de estar a las puertas del Palacio de Invierno, anarquistas primarios y muchachos y adultos fronterizos al mundo del delito, muy parecidos a la masa informe que en el siglo XIX Marx describía como lumpen proletariado, para llevar a cabo su obra destructiva.

Una actitud similar de comprensión tenían las "bellas almas", cuya pureza de sentimientos encontraba siempre alguna razón para comprender la violencia y como no, los nostálgicos de su juventud revolucionaria que miraban con lágrimas tiernas la pantalla del televisor en una orgía de izquierdismo senil. Un golpe de vitalidad recorría sus viejos huesos.

¿Cómo se llegó a esa situación?

No hay una respuesta simple.

Es explicable entonces que el gobierno de derecha, que no hacía tanto tiempo había triunfado en los comicios electorales con una cierta holgura, no entendiera lo que pasaba.

No es raro que en la casa presidencial alguien describiera lo que pasaba, como una invasión de alienígenas y que el presidente Piñera anduviera algún tiempo como dice el gran tango "Naranjo en flor", "sin pensamiento", con la mirada atónita y la palabra escasa.

Simplemente no reconocía el país.

Los protagonistas de la revuelta y quienes solidarizaban con ellos, comenzaron a hablar de la inutilidad de la transición democrática, de la perfecta continuidad del neoliberalismo de la dictadura, de los 30 años perdidos, incluso recuerdo a una comentarista de centro izquierda que llegó a hablar de la continuidad de los 46 años, englobando en un solo todo los años de la dictadura y los años de la democracia que siguió. También recuerdo a personas de discurso de izquierda tradicional pero con el seso arrebolado por los acontecimientos, algunos ya bien mayorcitos, señalando con toda seriedad la conveniencia de derrocar a Piñera.

En ese clima, la izquierda radical floreció y usó el Twitter con desmesura con más insultos que opiniones, cuestión que hoy resienten en sus sillones de palacio.

La centroizquierda tradicional se dedicó a realizar una penosa autocrítica, más a sus virtudes que a sus errores, condenando con mesura apenas susurrada la violencia y convirtiéndose en guardianes rigurosos de los excesos de la policía.

Por cierto, tales excesos sucedieron a través de hechos graves y condenables, pero se persiguieron y se juzgaron por las instituciones que debían hacerlo.

La verdad es que los 30 años no fueron un solo período compacto con resultados idénticos. Si nos fijamos en los indicadores socioeconómicos y en la capacidad de gobierno, parecería más exacto hacer una división entre los primeros 20 y los últimos 10.

Los primeros 20 años fueron escenario de un fuerte impulso propulsivo del país, con alto crecimiento, transformaciones sociales y una notable mejoría del bienestar.

En pocos años muchas familias salieron de la pobreza, mejoraron los ingresos y aumentó la escolaridad. En esos años, Chile dio un salto en su infraestructura y comenzó a tener una creciente presencia en el mundo. Expandió sus libertades y comenzó con el rescate de la memoria, trayendo a la luz los crímenes de la dictadura, enjuiciando a muchos de los responsables de tales crímenes y resquebrajando la fuerza de los poderes fácticos.

La democracia y las libertades se fueron perfeccionado paso a paso en ocasiones, quizás, con exceso de prudencia. También hubo cambios en la estructura socio económica instalada por la dictadura y marcada por la doctrina neoliberal. Poco a poco se caminó hacia una economía de mercado que comenzó a convivir con políticas públicas que perseguían mayor justicia social e inclusividad.

No se explica de otra forma que un país prestigioso por sus largos períodos de institucionalidad democrática, pero de crecimiento lento y de altos niveles de desigualdad y pobreza, modesto en materia de desarrollo, moviéndose en un nivel de medianía y hasta de mediocridad en el siglo XX, comenzara a estar a la cabeza de la región en casi todos los indicadores económicos y sociales, incluso en los más complejos como el de desarrollo humano del PNUD.

No es producto de la casualidad que la pobreza cayera del 38,7% en 1990 (68,2% de acuerdo a los estándares de medición actual) a 8,6% en 2017. Una de las disminuciones de la pobreza más rápida del mundo.

La desigualdad en la distribución del ingreso, cuyo descenso de la brecha fue mucho más moderado, cayó de 0,55 a 0,46 entre los mismos años, de acuerdo al índice de Gini. Si bien ese nivel de desigualdad continúa siendo inaceptablemente alto, la caída que se produjo fue significativa.

A ello hay que agregar que el 20% más pobre mejoró más rápido que los quintiles superiores.

Los avances de los indicadores de bienestar, aumentaron en los más distintos campos y se produjo un cambio positivo en el país de una magnitud sin antecedentes en su historia.

En la mayoría de los hogares los hijos comenzaron a tener expectativas de mejor calidad de vida que la de sus padres, sus horizontes se ampliaron y sus expectativas de bienestar y consumo, también.

Ello no quiere decir que Chile alcanzó un desarrollo integral equitativo, que no dejaran de existir trabas para el progreso de las personas con menor capital cultural, que el crecimiento cuantitativo de la escolaridad fuera de la mano con la calidad, que diversas discriminaciones étnicas y de género desaparecieran, que los avances en atención de salud estuvieran a las alturas de las expectativas para una gran parte de la población o que el problema de la vivienda y la integración urbana avanzaran con la velocidad requerida.

Todavía quedaba un largo trecho para atravesar el umbral del desarrollo.

Los últimos diez años no lo lograron, el impulso propulsivo decayó. Si bien los indicadores socioeconómicos se mantuvieron a la cabeza de América latina, ello no fue producto de nuestra virtud, sino más bien del andar cansino de los países de la región.

Cuanto más crecían las aspiraciones y aumentaba la población a través de la migración que llegó en un número sin precedentes desde todos los países de América Latina atraída por los buenos resultados de Chile –llegando a ser un millón y medio y representando al 8% de la población– más lentas se volvieron las respuestas.

Las tendencias positivas perdieron velocidad y los proyectos colectivos políticos que movieron a la Concertación, comenzaron a desmigajarse.

El miedo a un pasado terrible y el orgullo por los buenos resultados del caminar prudente ya no los unía.

Comenzaron a surgir tendencias centrífugas en la centroizquierda, proyectos personalistas, grupos clientelares y nostalgias del izquierdismo retórico de otrora.

Miraron con admiración los jardines del vecindario, enamorados de las palabras encendidas que se pronunciaban en

Argentina, Venezuela, Bolivia y otros países sin evaluar los efectos reales que ese discurso tenía sobre aquellas naciones.

Por otra parte, el conservadurismo de la derecha que continuaba pensando en un país inmóvil, ajeno a una sociedad que ya había cambiado con más nostalgias que ideas, parecía incapaz de renovarse.

Sin embargo, la caída no fue solo del mundo político. La Iglesia católica perdió credibilidad cuando aparecieron demasiados casos en los que la práctica contradecía la prédica.

Un número de empresarios mostró una gran lejanía con la ética del capitalismo a través de colusiones, abusos y fraudes.

En las instituciones armadas y de orden, que habían recuperado en la opinión pública su rol de instituciones permanentes, salieron a la luz chanchullos más ligados al bolsillo que al patriotismo.

En fin, el país comenzó a mostrar la cara oscura de la luna y esta no era ni bella ni pudorosa.

En ese marco se ampliaron también fenómenos globales como el narcotráfico y una criminalidad más dura, que puso en jaque la seguridad ciudadana, especialmente en los sectores más vulnerables.

En la Araucanía emergieron grupos minoritarios violentos y extremista.

Más o menos al mismo tiempo en las grandes ciudades y particularmente en Santiago, adquirió fuerza un movimiento estudiantil maximalista que criticó el camino recorrido por la democracia chilena.

Su planteamiento fue simple: la gradualidad fue una gran traición a los intereses populares. La mantención de la economía de mercado fue sinónimo de neoliberalismo, vale decir, del mal absoluto. Las bases de la dictadura no se movieron un ápice.

Ellos, hijos de la democracia, pensaron en una refundación para alcanzar una sociedad distinta, cuyos contornos tenía tonos difusos, donde se mezclan propuestas populistas, identitarias, antiglobalizantes, en fin un caleidoscopio difícil de definir.

Dirigidos con audacia y habilidad por activistas con buen instinto político, crearon partidos aproximativos pero eficaces expandieron su influencia frente a una centro izquierda *achunchada* que hizo uso entusiasta del cilicio

Los gobiernos de ese período, tanto de derecha como de centro izquierda, no lograron concitar apoyos mayoritarios a su gestión y terminaron sin sucesión. Dejaron a una población crispada y malhumorada que eligió al candidato del signo contrario con más escepticismo que grandes esperanzas.

Así, terminaron conviviendo dos realidades: la de las estadísticas de los hechos medibles que mostraba un país donde todavía predominaban los buenos resultados por sobre los errores y el país de las percepciones, de la subjetividad, molesto y gruñón cuya mirada estaba puesta en las injusticias, los obstáculos y la desconfianza.

El país donde predominaban esas percepciones es el que abre la puerta al 18 de octubre de 2019 y que estará muy presente en los años siguientes, aun cuando la vida y las historia que nunca es lineal, terminará redimensionándolo bruscamente.

Pero retomemos nuestro recorrido. Cuando todavía nos debatíamos entre actos de violencia que continuaban, aunque en un tono menor que en los comienzos del estallido, mientras la perspectiva de recuperar un futuro de paz comenzaba a depender del proceso constitucional, de pronto, al final del verano del 2020, una catástrofe nos recordó que no éramos un mundo en sí mismo, que éramos un pequeñito trozo de la especie humana. Sobre nuestras cabezas cayó el COVID-19.

Con la llegada de la pandemia también arribó el miedo y la muerte y, curiosamente, en un país donde todo parecía dividirnos, llegó algo que nos unía, que nos atacaba sin reconocer banderas y que no era producto de ningún sector social o político.

Fue algo inesperado. La última gran pandemia, la influenza, había tenido lugar en 1957, demasiado lejana en el tiempo, apenas centelleante en la memoria de los más viejos.

La pandemia ocupó todo el espacio y buena parte de la energía colectiva e individual.

Esa vieja compañera de la humanidad, viajaba velozmente y no reconocía fronteras. Como todo el mundo, Chile comenzó a vivir su primera pandemia híper global, en una gran indefensión. La protección se buscaba a través del ensayo y el error y la anormal normalidad en la que vivía cambió de rumbo.

Al gobierno se le abrió una gran oportunidad de sobrevivencia y de cierta recuperación. Después de tanta maldición resultaba que el país y los 30 años no habían sido ni tan perversos ni incapaces, que el Estado y el sistema de salud, con todos sus problemas y límites, exhibían una cierta capacidad de respuesta.

El presidente Piñera mostró lo mejor que sabe hacer, comprar rápido y bien. Así lo hizo con las vacunas y los chilenos partieron disciplinadamente a vacunarse, se quedaron en casa cuando debían hacerlo, se pusieron las mascarillas y poco a poco comenzó a vislumbrarse la salida del túnel. En Chile casi no hubo un movimiento antivacuna, unos pequeños grupos causaron más hilaridad que reproche.

Los errores cometidos fueron menos que los aciertos y en algo se elevó la confianza social. Los vientos de revuelta tuvieron que esperar tiempos mejores.

Ello permitió un cierto regreso a la calma, pero a una calma tensa, la economía chilena al igual que la economía mundial vivió la parálisis y la recesión. Muchas empresa quebraron, la pobreza llegó hasta un 14,5% y el trabajo formal se jibarizó.

Las escuelas cerraron quizás en demasía, el funcionamiento social comenzó a depender en buena parte del trabajo a distancia, vale decir de la capacidad digital que no era del todo masiva. La brecha de desigualdad, en consecuencia, se amplió.

Comenzó incluso a crecer la inseguridad alimentaria. Se hicieron necesarias transferencias de emergencia en tiempos en que la reservas ya iban de caída así como subvenciones a las empresas pequeñas y medianas que no podían resistir el descenso de su actividad.

El desordenado cuadro político existente favoreció tendencias populistas en el Congreso y un cierto desorden fiscal que un gobierno debilitado no pudo ni supo controlar.

El criticado sistema de pensiones se convirtió en fuente de retiro de fondos, en algunos casos respondiendo a necesidades imperiosas, aunque en otros como forma de rescate de ahorros y de consumo no siempre indispensable, generando en parte las bases del actual proceso inflacionario.

En todo caso, el país mostró su resiliencia. Salió más pobre, con menos previsión, con un futuro incierto, pero salió.

Las pérdidas de vidas fueron dolorosas e irremplazables, pero hubo un esfuerzo decisivo de las instituciones de salud. Se desarrolló la solidaridad y las instituciones del Estado mostraron estar golpeadas pero en ningún caso destruidas.

¿Cuánto daño psicológico nos produjo? Los veremos con el tiempo, quizás la mayor huella quede en los niños y en los jóvenes con su escolaridad completamente alteradas.

Ya en 2019 Chile había crecido muy poco, apenas un 0,8%. En 2020 decreció en -6%. En 2021 a través de los retiros exagerados y de los abultados bonos el país creció un 11,7%, pero el 2022 el crecimiento fue apenas de un 2%. Para el 2023 la proyección es de un decrecimiento de -1,3%, por lo tanto, estamos en dificultades, muy lejos de un camino de crecimiento que permita recuperar los niveles de bienestar perdidos.

Entre pandemia y post pandemia, es decir entre el período que va desde el cuarto trimestre de 2020 al tercer trimestre de 2022, hubo años de intensa actividad electoral. El 25 de octubre de 2020 el 50,95 % de los ciudadanos habilitados votó por una nueva Constitución: el 78,8% lo hizo a favor y solo el 21,72% lo hizo en contra.

El 15 y 16 de mayo de 2021 se eligieron los convencionales constituyentes, junto con los gobernadores regionales, alcaldes y concejales. En esa ocasión votó el 41,51% de ciudadanos habilitados.

El 21 de noviembre de 2021 se realizó la primera vuelta de las elecciones presidenciales junto con las elecciones parlamentarias y el 19 de diciembre, la segunda vuelta presidencial. En la primera vuelta votó el 47,83% y en la segunda el 55,64% de quienes están habilitados en el padrón electoral.

Finalmente, el plebiscito constitucional de salida, esta vez con voto obligatorio e inscripción automática, se realizó el 4 de septiembre de 2022. Votó el 85,86% de los ciudadanos en posibilidad de hacerlo.

Durante todo este período se realizaron, además, elecciones primarias.

Los medios de comunicación y la tensión política se volcaron hacia adentro, prestando menos atención de la normal a lo que sucedía fuera de nuestras fronteras, es decir, a un mundo que tendía a poblarse de malas noticias económicas y geopolíticas.

Entre elección y elección las redes sociales se volvieron cada vez más truculentas, con más insultos que opiniones, el clima político se degradó y tendió a una creciente polarización.

La primera elección importante fue la de los convencionales constituyentes que se realizó en medio de un ambiente exultante por la gran votación que obtuvo la idea de una nueva Constitución. Sin embargo, la participación electoral fue baja. Como la política y los políticos tienen una baja evaluación, en particular los partidos tradicionales, recorrió Chile el fantasma de los independientes, a quienes se les atribuyó virtudes de equilibrio y de interés por el bien público. Se cambiaron incluso las reglas electorales para permitirles mayor presencia.

El prurito de la diversidad daba un gran valor a una fuerte representación de los pueblos originarios que se serían portadores de presencias ancestrales abusadas ayer y hoy, tanto así que junto a algunos de ellos se agregaron otros que ya no existen, pero que surgían de un imaginario dado a las ensoñaciones.

Resultó que los independientes no lo eran en su gran mayoría. Claro, no pertenecían a partidos políticos pero conformaban asociaciones doctrinarias en su mayoría de extrema izquierda. Hubo algunos paladines de la violencia, un enfermo imaginario y varios militantes temáticos, representantes de una versión muy radical del feminismo y ambientalistas extremos.

Los 17 electos como representantes de los pueblos originarios, algunos con muy pocos votos, resultaron de un identitarismo pantagruélico, contradiciendo el voto más bien conservador que normalmente estos pueblos expresan en las urnas.

Se constituyó un cuerpo altamente expresivo, con mucha presencia histriónica que nunca tuvo como meta construir una propuesta de proyecto constitucional en torno al cual pudiera surgir un acuerdo, en el que si bien nadie se sintiera enteramente representado, tampoco se sintiera del todo ajeno.

Se hizo imposible entonces redactar una ley de leyes que facilitara un Estado social portador de mayor progreso, mayor igualdad, derechos sociales más extendidos, pero que al mismo tiempo protegiera las libertades individuales y asegurara la democracia procedimental como valor permanente e indispensable, adecuándola a las nuevas posibilidades de la sociedad de la información del siglo XXI.

Dejando de lado los múltiples excesos y desatinos que disgustaron a muchos ciudadanos, el texto final entregado fue portador de un profundo sesgo político partisano, escrito en parte como una Constitución y en parte como un programa político maximalista que menoscababa los equilibrios democráticos y exacerbaba las tendencia hacia un identitarismo extremo.

Al parecer, en muchos convencionales existía el convencimiento de que encarnaban la voluntad de una inmensa mayoría y que el plebiscito de salida no sería sino un acto celebratorio final, una suerte de epifanía fundamentalista construida por la izquierda radical, la izquierda de la izquierda radical y un centro izquierda venido a menos incapaz de hacer valer sus diferencias, aprobando cosas en las que no creía.

La derecha se sentía derrotada y se preparaba a sobrevivir en un invierno polar sin muchas esperanzas en el futuro pero, ¡miracolo! en sectores reformadores que habían sido dados por muertos, comenzó a brillar una lucecita, en un primer momento casi testimonial, que más tarde creció.

La segunda elección importante fue la presidencial.

Digamos antes que la elección parlamentaria tuvo un resultado menos sesgado que la elección constituyente, pues los partidos tradicionales pusieron en valor su enraizamiento territorial. La antipolítica logró un espacio para un populismo difícil de caracterizar a través del Partido de la Gente, la izquierda radical maximizó su presencia pero no resultó un tsunami, todo lo cual generó un equilibrio inestable carente de mayorías claras que hace obligatoria la negociación y que le haría difícil la vida a cualquier gobierno.

En suma, no se eligió el Congreso ideal para una refundación, pero tampoco para un buen gobierno.

La elección presidencial concluyó con una polarización matizada. En la derecha, los primeros rostros en caer fueron los tradicionales, los más serios y los más livianos, quedando representada por el candidato de la derecha más extrema José Antonio Kast, una suerte de Bolsonaro estilizado, con dicción más escolarizada y mejores modales.

Los partidos de centro izquierda quedaron fuera de juego, solo como fuerza de apoyo de la izquierda radical. Boric derrotó a Jadue, candidato del Partido Comunista, quien representó la versión más tosca de un izquierdismo sin concesiones.

La primera vuelta fue desilusionante para Boric, pues obtuvo menos votos que Kast por lo que decidió modificar su relato, combinando su discurso refundacional con finos toques de social democracia, aquietando los temores de cercanías al bolivarianismo y a colectivismos de la vieja escuela.

Michelle Bachelet pasó a ser, con entusiasmo, cercana y admirada amiga y Ricardo Lagos, símbolo del reformismo atacado durante años, se convirtió de improviso en un Presidente que merecía todo el respeto.

Boric logró subir así del 25,83% de las preferencias al 55,87%, con nuevos votos, muchos de los cuales provinieron de sectores de centro izquierda y moderados. Kast no fue capaz de hacer crecer suficientemente su 27,91%; logrando el 44,13%. Su discurso logró asegurar un electorado conservador consistente, pero no pudo ir más allá. La sombra de Pinochet se interpuso.

El gobierno de Boric, se constituyó básicamente con su coalición, aun cuando personeros de la centroizquierda ocuparon algunos lugares secundarios, salvo en el caso del manejo macroeconómico, lo que no es menor. Mario Marcel como ministro de Hacienda, se convirtió en la garantía de seriedad económica. En el plano político se expresó con claridad una hegemonía del nuevo grupo dirigente de izquierda radical.

Como lo muestran las encuestas, el balance no ha sido bueno. Razones no faltan: inexperiencia de gobernabilidad, falta de mundo y exceso de doctrinarismo, acompañado en ocasiones por manifestaciones de soberbia han sido algunas de ellas.

El Presidente no abandonó del todo su discurso moderado de la segunda vuelta, pero "habita el cargo" como suele decir el nuevo lenguaje, con contradicciones permanentes que paralizan su acción y lo hacen cometer más errores de los aceptables. Asimismo, tiene actitudes tanto en política internacional como en política interior que no se condicen con su responsabilidad como Jefe de Estado.

Sin duda el error más grave fue tomar partido casi orgánicamente por el proyecto constitucional que debía enfrentar el plebiscito de salida, señalando que su aprobación era sustancial para el cumplimiento de su programa. Al ser rechazado dicho proyecto, su capacidad de gobernar ha quedado, por ahora, profundamente menoscabada.

La teoría de compensar un paso en una dirección con otro en la dirección contraria, resulta imposible en un régimen presidencial, pues en vez de contentar a todos, los deja disconformes.

Ello se repite en todos los planos: seguridad ciudadana, política internacional, impulso al desarrollo económico y se cristaliza –en actitudes pusilánimes– en algo tan claro como dar curso al TPP11, sobre el cual existe una sólida mayoría de apoyo.

El tiempo comienza a pasar, las condiciones materiales de existencia en el país se deterioran y la falta de resultados puede generar daños difíciles de revertir.

Revisando las columnas que presenta este libro, me doy cuenta de que todas ellas, incluso las más críticas, están marcadas por un deseo de esperanza. Confío que en Chile la adversariedad democrática no funcione sobre la base de la relación amigo/enemigo y que sea capaz de encausar institucionalmente las divergencias lógicas de toda democracia, explorando la posibilidad de acuerdos y disminuyendo el volumen de los desacuerdos. Es importante recordar que la democracia es amiga de los cambios graduales y no se concilia con las refundaciones abruptas.

Ello aparece muy patente en las columnas en torno al proyecto constitucional, primero recomendando el diálogo y la búsqueda de acuerdos, luego cuando el giro de los acontecimientos comenzaba a oscurecerse *per la perduta via*, como diría el Dante, señalando una alarma, para entender finalmente que el rechazo era el mejor camino para evitar una degradación del funcionamiento democrático, a través de un proyecto que se perfilaba progresista solo de nombre, pero que de triunfar haría retroceder a Chile.

Por supuesto, el mío no era un pensamiento aislado.

Era claro que los sectores conservadores estarían naturalmente en contra del proyecto constitucional por sus propias razones, pero varias voces progresistas comenzaron a hacer oír su preocupación desde el campo reformador, desde una centroizquierda que se mantenía al margen del gobierno.

Surgieron voces de alerta de los expresidentes Eduardo Frei y sobre todo Ricardo Lagos y también de intelectuales desde la izquierda democrática. Una de ellas, la de Cristián Warnken, generaría un movimiento de nombre "Amarillos", que se popularizaría y jugaría un papel inesperado.

Del testimonio surgió una esperanza y de esa esperanza una posibilidad.

Las encuestas comenzaron a darle al rechazo una cierta ventaja, pero costaba creerlo con el gobierno comprometido y todas sus fuerzas de apoyo respaldando el Apruebo.

Existía, sin embargo, todo un mundo que no había hablado. La opinión de los que no marchan, no gritan, están en la casa o en el trabajo, lejanos del quehacer político, pero cercanos a los problemas de la vida cotidiana. Ellos no se habían expresado y vivían con cierta distancia lo que pasaba.

Al final se produjo un estallido de la mejor manera, pacíficamente y en las urnas. El voto obligatorio y la inscripción automática, llevaron a la enorme cantidad de 13.028.739 a emitir su sufragio.

Al final del día, el 61,89% se inclinó por la opción Rechazo y el 38,11% por la opción Apruebo. Fue un resultado aplastante, inapelable, que dejó fuera de juego cualquier intento de acusaciones complotistas o de manejos oscuros de las "fuerzas del mal", como suelen decir en África.

Por supuesto que ese resultado dice relación con el proyecto constitucional presentado y el ambiente generado por la Convención y no con la idea de una nueva Constitución, que sigue vigente y en torno al que el actual constituyente, el Congreso, deberá acordar la forma de cómo se realizará, combinando voluntad popular y conocimiento.

Se necesitará un tiempo para que se elabore una Constitución moderna, democrática y social, en la cual quepamos todos, dejando de lado la idea de hacer de ella la encarnación de un fetiche de la felicidad.

Son los pueblos los que cambian las constituciones, no las constituciones las que cambian los pueblos.

Aun cuando por los problemas propios de una pobre gobernabilidad estaba decidido un cambio de gabinete, el resultado del plebiscito de salida lo hizo indispensable. Se fortaleció la presencia de la izquierda tradicional en el gobierno, para darle mayor densidad y capacidad, sin embargo lo que este requiere es un cambio de orientación profundo.

El gobierno debería sacar grandes conclusiones de un rechazo tan masivo como el manifestado por el plebiscito.

El cuadro político en Chile ha cambiado. Aunque nada es seguro en política, la aparición de un reformismo con personalidad y orgullo puede significar un cambio con efectos positivos tanto hacia el sector más moderno y liberal de la derecha como en la izquierda democrática presente en el actual gobierno, que quizás pueda avanzar hacia una mayor autonomía.

Lo peor en política es no sacar las lecciones o sacarlas a medias, negando su relevancia. En ese sentido, no fue positiva la frase del presidente Boric en la Naciones Unidas al decir "algunos han querido ver el resultado del plebiscito como una derrota del gobierno. Y con toda humildad quiero hoy decirle a estas Naciones Unidas, que nunca un gobierno puede sentirse derrotado cuando el pueblo se pronuncia".

La frase tiene sin duda cierto valor estético, pero que sea humilde y generosa resulta más que discutible, pues termina absolviendo la derrota evidente del gobierno a través de una argucia retórica. Si no hay derrota, no hay consecuencias y decrece la necesidad de cambiar de rumbos.

Más críptico y suelto de cuerpo, resultó su aliado, el presidente del Partido Comunista, Guillermo Teillier quien dijo "el triunfo de la derecha es una derrota electoral, con visos de derrota política, pero no es una derrota estratégica".(sic)

Hay que tener mucho *culot* para afirmar con espíritu ligero que una derrota electoral tiene apenas un resplandor de derrota política y ninguna dimensión estratégica. En verdad suena a paparrucha insigne.

Solo a Winston Churchill le salían bien frases de ese tipo cuando se refería, por ejemplo, a las reacciones de la Unión Soviética como "una adivinanza envuelta en un misterio dentro de un enigma". Pero Churchill sabía que usaba una ironía, me temo que Teillier piensa que está hablando en serio.

Algunos representantes de la izquierda radical han sacado conclusiones de un optimismo demencial, que niegan la magnitud de la derrota o que consideran que el voto por el rechazo de muchos jóvenes de extracción popular tiene como significado que la Constitución no era lo suficientemente refundacional.

Ojalá se saquen las lecciones debidas, pues los años venideros serán duros en el mundo y en América Latina. El Fondo Monetario Internacional (FMI) aspecta perspectivas muy sombrías para la economía mundial. Para 2023 se espera un crecimiento de apenas 2,9% y Chile estará casi 4 puntos por debajo de ese promedio.

Las cosas pueden incluso empeorar. La invasión de Rusia a Ucrania y la respuesta valerosa de ésta ha generado una guerra prolongada en el norte de Europa. Pero no hay ninguna región del mundo que no esté con problemas y en una situación de desazón.

Ello ha tendido a dividir nuevamente al mundo en campos opuestos, un occidente democrático y un oriente en el que prevalecen regímenes autoritarios.

Ha hecho bien el presidente Boric, en este plano, en ubicarse en el lado justo de la historia.

América Latina, el extremo occidente en palabras del cientista político Alain Rouquié, está debilitada. Sus democracias siguen siendo frágiles, ha atravesado la pandemia con una desmesura de muertes, sus cifras de criminalidad son proporcionalmente las más altas del mundo, su crecimiento económico será solo del 1,7% para el 2023 y es muy posible que sus niveles de pobreza aumenten y la distribución del ingreso se haga más desigual.

El esfuerzo de Chile tiene que ser muy grande para no continuar su retroceso y recuperar los niveles perdidos. Debe hacer frente a los desasafíos de la era digital e impulsar las muchas potencialidades que tiene para hacerlo.

Las columnas que leerán han tratado de combinar un realismo descarnado con una reflexión serena que pueda contribuir a compartir una esperanza posible. Al menos, con ese espíritu se escribieron.

Santiago-Valparaíso. Octubre 2022.

Noviembre 2019
De repente en primavera

Tolstoi iniciaba su Ana Karenina con la conocida frase: "Todas las familias felices se parecen unas a otras, pero cada familia infeliz lo es a su manera".

Algo similar se podría decir de las sociedades contemporáneas, cuando ellas funcionan con normalidad tienen una estética parecida, pero cuando sorpresivamente tal normalidad se rompe y aparecen turbulencias severas, quiebres, desmadres o follones sociales, adquieren una dinámica singular e insospechada.

Las revueltas de nuestra época son muy distintas entre sí. Algunas terminan con cambios profundos a veces duraderos y en otras ocasiones efímeros; algunas, como la revuelta estudiantil del 68 en París, no provocaron un cambio sistémico, pero influyeron fuertemente en cambios culturales; otras terminan con muchas pérdidas humanas y materiales y escasos resultados cuando el necesario desgaste del impulso contestatario regresa de la exaltación poética a la rutinaria prosa del día a día.

Distintas son también las causas que provocan tales revueltas, a veces son producto de cuestiones evidentes, claramente palpables, situaciones dictatoriales, catástrofes económicas, hambrunas o fanatismos religiosos o identitarios.

En otras ocasiones, las causales son más larvadas y subterráneas. Así fue el 68 francés. Así parece ser lo sucedido de repente en Chile en plena primavera, y no en el último verano, como reza el título de la obra teatral de Tennessee Williams.

Lo que todas tienen en común es que siempre hay un hecho particular que despierta la ira, una chispa que incendia la pradera.

Los gobiernos y los dirigentes políticos quedan normalmente boquiabiertos, ofendidos, sin conducta y tienden a imaginar que ellas son solo fruto de conspiraciones externas, perpetradas por aquello que los dirigentes africanos solían llamar "las fuerzas del mal".

En el caso de Chile, por ejemplo, las cifras no dan ni de lejos para una revuelta de esta magnitud.

Se trata de un país que, mirado con un mínimo de racionalidad, ha progresado mucho en los últimos casi 30 años de democracia, la pobreza ha disminuido fuertemente medida a través de las más diversas metodologías. Si bien es cierto que los beneficios se distribuyen en forma muy desigual, el nivel de desigualdad ha disminuido, aunque de manera muy moderada, está en la media de América Latina y muy atrás respecto de los países desarrollados de la OCDE.

En los indicadores más complejos, como el desarrollo humano, está a la cabeza de América Latina y nada mal a nivel global.

Sin embargo, existe una fuerte rabia, un enojo instalado en los sectores medios que viven mejor que ayer, pero experimentan un estancamiento y temen un retroceso. Ellos han progresado a costa de muchos sacrificios, endeudamientos y muchas veces con más de un trabajo, porque ganan muy poco y deben pagar mucho. Ese enojo también existe en sectores populares que están más atrás y ven pasar el bienestar por sobre sus cabezas, sienten que los servicios sociales no los protegen y la economía criminal los rodea.

¿Cómo se incubó esta situación?

Las causas son variadas. Después de los primeros decenios de reconstrucción democrática, pese a errores y carencias, se obtuvieron muchos logros que explican la solidez acumulada por el país, pero tales avances comienzan a perder impulso a venir a menos en lo económico, en lo institucional, en lo social y en lo ético.

Comienza, en consecuencia, a crecer una brutal desconfianza en tales sectores, sobre todo entre los jóvenes más escolarizados, que no llevan las cicatrices de la dictadura.

Ellos desconfían de una economía donde los contrapesos políticos son débiles para morigerar la desigualdad, de una clase empresarial donde existen algunos comportamientos delictivos, carentes de pudor y abundantes en codicia, de instituciones espirituales con excedente de pecados, de una clase política sobrepagada, donde muchos se centran en defensas particularistas con poca idea de país y donde a hombres y mujeres de Estado hay que buscarlos con el farol de Diógenes. A ello se agregan los robos millonarios que han existido en las instituciones armadas y casos de corrupción en la judicatura.

Además, las reformas impulsadas con buenas intenciones resultaron contrahechas y fueron reemplazadas por una agenda cargada de doctrinarismo neoclásico y un optimismo irresponsable, bastante indiferente a lo social.

La protesta que estamos viviendo ha adquirido una dimensión históricamente masiva y prolongada, sin expresiones orgánicas visibles y consignas que plantean su enojo con lo existente, sobre todo con la gestión del Presidente y demandando un profundo cambio de rumbo.

Ella ha estado, desgraciadamente, rodeada de un vandalismo lumpesco extendido y brutal, donde se mezclan el ultrismo, la delincuencia y el oportunismo y en el cual han operado manos profesionales del caos y la destrucción.

El gobierno ha separado muy tardíamente su juicio sobre la protesta cívica de la acción delictual, cuando hay ya mucha pérdida humana y material, pero llegados a este punto lo esencial no son los errores cometidos, sino cómo no perdemos lo más precioso, la convivencia democrática para salir de la actual crisis y cómo aislamos y derrotamos la violencia criminal.

La reposición de una convivencia ordenada debe ir estrechamente de la mano con un cambio profundo de la agenda social y de la recuperación de un nivel mínimo de credibilidad del mundo político, porque cuando se produce un vacío en la democracia, el peligro autoritario de cualquier sello se halla a las puertas.

A costa de ser considerado ingenuo, quiero traer a colación un ejemplo histórico que me parece relevante: en 1932, los socialdemócratas suecos en medio de una profunda crisis dejaron de lado sus posiciones revolucionarias y adoptaron un camino reformador que unió al país y sacó a Suecia de su atraso económico y social y lo llevó a convertirse en el país exitoso, libre e igualitario que es hoy.

Guardando las debidas diferencias, con el ejemplo citado sería conveniente que a partir de nuestra actual crisis, el gobierno enrumbara por el camino de un amplio diálogo político y social, abandonara sus dogmas en materia económica y promoviera un acuerdo con las fuerzas políticas y sociales de oposición, tendiente a generar un fortalecimiento de la acción pública que consolide nuestra democracia representativa, la amplíe y persiga una sociedad más justa, basada en la dignidad de todos.

Los tiempos son cortos, de no producirse un cambio profundo solo quedarán de este estallido las pérdidas humanas, la frustración y una inestabilidad permanente.

Una nueva ruptura estará a la vuelta de la esquina.

Diciembre 2019
El angelismo de las bellas almas

Para aislar a los violentistas, además del uso de una fuerza regulada, se requiere una actitud clara y decidida de condena a la violencia por parte de la mayoría democrática.

Es difícil predecir cómo se encaminarán las cosas en nuestro país. Momentos de esperanza se alternan con demasiados momentos de estupefacción, espanto e impotencia frente a gestos de barbarie que corren el cerco en el peor sentido de la expresión, el de la destrucción y el matonaje.

Las cosas, sin embargo, se han movido. El acuerdo logrado por diversos sectores políticos en relación a un cronograma para elaborar una nueva Constitución, que posee dos momentos de consulta ciudadana, sin duda marca una inflexión positiva. También la actitud del Presidente de ponerse, ojalá de manera durable en un plano más sobrio, ha jugado un papel positivo, lo mismo que la aparición de figuras ministeriales que han contribuido al diálogo para la búsqueda de salidas a la actual situación.

Todo ello es todavía frágil. La crisis de representación democrática es un fenómeno profundo y global, la desconfianza en las instituciones tomará mucho tiempo en morigerarse.

El camino a seguir será escarpado y lleno de obstáculos. Resulta fundamental que después de esa noche en la que predominó una cierta grandeza en el mundo político no vengan muchas noches de cálculos y mezquindades que nos hagan regresar al pantano anterior. Las señales hasta ahora son más bien equívocas.

Hoy, el momento constitucional está puesto en primer plano, encarna simbólicamente la legitimidad popular en este nuevo ciclo, ese es su valor principal.

Será necesario mucho trabajo y mucha discusión para que se entienda que una nueva Constitución no cambiará la realidad instantáneamente, que ella deberá contener las normas básicas de nuestra vida republicana, que deberá albergar las diversas concepciones que conviven en una democracia y no podrá ser el ideario de solo una parte de los chilenos.

Junto con ello, deberá impulsarse con denuedo el cambio de la situación social que responda a muchas demandas justas e indispensables, que termine con abusos y discriminaciones, que resuelvan –con la urgencia que no se tuvo ayer– una mejoría de las condiciones materiales de existencia de una gran mayoría que trabaja mucho, vive con agobio y pide algo esencial: dignidad.

Ello se tendrá que hacer en condiciones económicas difíciles y requerirá audacia y responsabilidad.

No se trata de igualar hacia abajo, como asevera el pensamiento doctrinario conservador, se trata de pensar el proceso de desarrollo de manera más sólida y flexible.

Es verdad que partiremos de más abajo, porque este remezón social dejará marcadas cicatrices, lo importante es que el camino a emprender sea estructuralmente más igualitario.

Si quienes gozan de una situación altamente privilegiada no entienden eso, si ellos imitan a los borbones, que en palabras de Talleyrand después de la Revolución Francesa "no aprendieron nada ni olvidaron nada", será muy difícil recuperar la paz social.

Un nuevo pacto social requiere un cambio dramático de actitud para cimentar un acuerdo político y cultural que termine con la violencia actual.

Esa violencia que está conduciendo a Chile al borde del abismo no tiene hoy frente a sí un dique que la detenga.

Los destrozos materiales, la humillación de las personas, las acciones contra bienes públicos y privados, actos deleznables contra bomberos voluntarios que acuden a salvar vidas, han tenido por parte de muchos, de demasiados una condena débil, *blandengue* y en algunos casos de los dientes para afuera.

Algunos han llegado a justificar la violencia como "partera de la historia", volviendo a la vieja teoría de que no hay cambio sin sangre y fuego.

Es verdad que en la historia de la humanidad la violencia ha ocupado un rol desgraciadamente muy central, pero la violencia no es una ley física, obligatoria: han existido cambios en la historia, muchos de ellos mayores y perdurables sin violencia, y la acumulación civilizatoria demanda que así sea.

Quienes delinquen y destruyen en nombre de la justicia parecieran olvidar que cuando se anula el imperio de las reglas democráticas, si llegan a perder, sus vencedores aplicarán sobre ellos el terror, y si vencen, serán ellos los tiranos.

La línea es muy frágil y difusa entre esa gran mayoría que reclama pacíficamente los cambios y las minorías bárbaras que usan como escudo las grandes manifestaciones y con un guión bien estudiado desatan en un momento la violencia.

Cuando las manifestaciones decrecen, actúan solamente como bandas, con más violencia, abriendo paso a saqueos oportunistas y masivos, paralizando la vida ciudadana, incluyendo hasta los estadios.

Con ellos no pueden hacerse concesiones, no son paladines de ninguna causa noble, son soldados narcos mezclados con rufianes y bellacos, barras bravas, almas en pena, mozalbetes aspirantes a truhanes, enemigos de la democracia, anarquistas ignaros hasta de su propia doctrina.

Ellos nada han inventado. Un revolucionario ilustrado como Marx los llamaba ya en el siglo XIX "lumpen proletariado", y así los describía: "Vástagos degenerados y aventureros de la burguesía, vagabundos, organilleros, traperos, afiladores, caldereros, mendigos, en una palabra, toda esa masa informe, difusa y errante que los franceses llaman *bohème*".

Claro, exageraba –creo yo– con los respetables organilleros, afiladores y caldereros, pero eran otros tiempos. Él describía bien esa masa de maniobra que suelen utilizar para sus propios fines, demagogos y oportunistas de pelajes muy diversos.

La democracia de por sí es vulnerable, porque no favorece la fuerza sino como último recurso, debe defenderse sin sobrepasar sus reglas, sus protocolos y el respeto a los derechos humanos. Cuando ello no se cumple debe exigir cuentas y aplicar el peso de la ley a quienes han abusado de la fuerza que les confiere el Estado.

Por eso, ella requiere, para aislar a los violentistas, además del uso de una fuerza regulada, una actitud clara y decidida de condena a la violencia por parte de la mayoría democrática.

Esa mayoría no puede caer en la trampa del angelismo de las bellas almas, que se prohíben a sí mismas criticar lo inaceptable, para como decía Hegel "no perder su íntima pureza", y adoptan un extraño maximalismo moral con estándares distintos: extremadamente severos y acres con las fuerzas del orden, incluso cuando son atacados por una masa muy superior y, a la vez, condescendientes con las bandas enfurecidas que destruyen las ciudades.

El momento que atravesamos no se resolverá a través de la perennidad de un aquelarre revolucionario, dará paso a reformas profundas en democracia o concluirá en nombre del orden y del miedo en un autoritarismo que nos hará regresar a las cavernas del arbitrio y del terror.

Uomo avvisato mezzo salvato solía decir mi abuelo, trabajador ferroviario piamontés, que atravesó dos guerras mundiales y el fascismo.

Enero 2020
El año de las muñecas rusas

Las muñecas rusas fueron creadas en 1890 por un pintor de un taller de artesanía llamado Serguei Maliutin y fueron presentadas en la exposición universal de París en 1900, teniendo un gran éxito. Partió siendo juguete y terminó como objeto de culto.

Su particularidad consiste en que al ser huecas, en su interior existen otras muñecas que pueden alcanzar el número que se quiera, siempre que sea un número impar. Además de su hermoso colorido, tienen muchas simbologías. Una de ellas es que nos ayudan a aprender a conocernos en nuestro interior, a sacar aquello que tenemos dentro, aquello que nuestra fachada oculta.

Algo de eso es lo que nos ha sucedido a los chilenos en el año del Señor 2019. Las muñecas interiores, aquellas que no aparecen en la fachada, explotaron y aparecieron a la luz pública. Ellas eran mucho menos bien parecidas que aquella que las ocultaba, sus rostros no eran sonrientes, más bien su rictus era de enojo, tenían rabia, se sentían abusadas, con sus aspiraciones frustradas, sentían que se esforzaban mucho, pero no las trataban bien, no les daban lo que merecían y que a sus colegas más pequeñas no les iba a ir bien en el futuro. Estaban mal pintadas, *a la virulí*, sus materiales eran quebradizos y nunca llegarían a ser como la muñeca grande que tiraba pinta en el escaparate.

Esa rabia estalló de súbito, aunque ellas llevaban tiempo haciendo movimientos bruscos que remecían a la gran muñeca, pero esta se hacía la desentendida.

Cuando se produjo el estallido, la gran muñeca quiso calmarlas iniciando pinturas y arreglos y prometiéndoles que tendrían una posición mucho mejor, pero no lo logró. Ellas llevaban demasiado tiempo pasándolo mal, querían su espacio y gritar a gusto, incluso exagerando sus pendencias y negando que si se comparaban con muchas muñecas en el mundo no las habían dejado tan mal y podían continuar mejorando.

Si la muñeca grande corresponde a la imagen de Chile que en el escaparate mundial parecía bien, admirado, con mejillas sonrosadas, las muñecas interiores representan aquellos sectores de la sociedad chilena que piensan que no les ha ido bien.

En particular, gran parte de los sectores medios y medios bajos que abandonaron la pobreza, que avanzaron en escolaridad, que viven la revolución de las comunicaciones, que –como decía Tocqueville– ahora que tienen más pueden imaginar lo que les falta: mejor salud, mejor educación, mejores salarios, pensiones dignas, menos deudas leoninas y que ven que el avance de Chile se ralentizó, que tocaron techo, que hay algo o alguien que les impide que su mérito sea reconocido, quieren otra dignidad en el trato y no aceptan la discriminación.

El ascensor social se puso a andar demasiado despacio y quienes deberían darle velocidad no lo han hecho. No solo son distraídos, sino que la casuística muestra que muchas veces les sacan una alita al pollo, cuando no la pechuga y los trutros y se arreglan entre ellos, entre compañeros de colegio, entre compañeros de partido, entre parlamentarios sin una verdadera concepción de país. Hay fuerzas del orden que armaron una asociación para delinquir, fuerzas espirituales con demasiados pecados encima, algunos empresarios que harían enrojecer de vergüenza a Adam Smith con sus arreglines y un gobierno que parecía vivir en otro mundo.

Se acumuló la sensación de engaño y se dejó de confiar, no quedó *títere con cabeza*, injustamente, al menos parcialmente, porque esos denostados últimos 30 años son al mismo tiempo los años de más avance en todos los planos de la historia de Chile y no se hicieron solos, tras ellos hubo un gran esfuerzo social, pero también dirigentes probos y admirables.

Para terminar de rematarla, también aparecieron otras muñecas, que esas sí eran feas y mal hechas, además con el corazón no de madera, sino de piedra, que destruyen ciudades y liceos, patrimonio cultural, incendian iglesias, saquean negocios, gustan del caos y, como dice el tango "Naranjo en flor", se dedican a "andar sin pensamiento".

En ese espacio se juntan ultras, anarcos, barras bravas, narcos y villanos varios dispuestos a hacer daño. Pero ahí están, existen, y mientras la gran mayoría de los chilenos movilizados y no movilizados no se pongan de acuerdo, mientras los partidos políticos no recuperen en algo su legitimidad, mientras no amaine la crisis de representación y de gobernabilidad, el país en su conjunto continuará retrocediendo y no surgirá un avance que permita al país un crecimiento más acompasado quizás, sin tanto billonario y tanta fragmentación territorial y más igualitario, capaz de recuperar algo así como un "nosotros" en el que de verdad quepamos todos.

Un país donde los jóvenes tengan naturalmente su sello generacional, pero donde parte importante de ellos tengan un mayor equilibrio entre emociones y reflexión, entre aspiración de mayores derechos y cumplimiento de deberes; que sepan que la historia y la cultura existen y de vez en cuando, por qué no, se lean un librito, cuestión que es contagiosa pero no hace daño y así descubran con asombro que hay algo más que estandartes y consignas.

Para ello es necesario producir cambios profundos en nuestra concepción de país, en las instituciones, en la policía y en la estructura económica y financiera.

Estamos contra el tiempo, señor Presidente, si creemos a fondo en la institucionalidad democrática hay que dejar con modestia de lado aquello que obstaculice la seriedad del cambio y no prestar oídos a quienes le aconsejan el inmovilismo y la conservación; solo así la oposición responsable prevalecerá sobre el oportunismo y la irracionalidad de algunos y se podrá razonar, debatir, negociar y acordar aquello que la ciudadanía deberá refrendar.

No creo en un 2020 facilito, construir más democracia, bienestar, dignidad y paz social será una tarea difícil, pero creo que al revés de la Inglaterra de 1940 no traerá sangre y espero que lleve pocas lágrimas, pero sí tendrá que producir un arduo sudor.

No queda otra.

Febrero 2020
Cuento de verano

Érase una vez, hace muchos años, aunque pensándolo bien ni siquiera tantos, un inmenso imperio, tan grande que se extendía entre dos continentes, Europa y Asia.

Vivían en él millones de personas, la gran mayoría era muy pobre, cultivaba la tierra y había relativamente pocas industrias, incluso en los albores del siglo XX, los demás países de Europa estaban mucho más desarrollados.

Los ricos eran casi todos nobles y grandes propietarios de tierras y quien gobernaba era un señor que llevaba el título de Zar, nombre que provenía nada menos que de César, el nombre que usaban los emperadores de la antigua Roma.

El Zar del tiempo en que se desarrolla nuestra historia se llamaba Nicolás II y pertenecía a la familia de los Romanov. En verdad, era una nombre de fantasía, porque los Romanov se habían extinguido hacía tiempo. Pero ser Zar y llevar un apellido danés como el de su familia original no habría sonado bien para sus súbditos rusos.

En todo caso, Nicolás, que era, además, nieto de la Reina Victoria de Inglaterra, creía a pies juntillas que su poder era de origen divino, que Rusia, ese era el nombre del Imperio, era la continuación del Imperio Romano de Oriente, el Imperio Bizantino, y que dirigirlo con mano de hierro a través de la autocracia era lo que le correspondía hacer.

Nicolás, que no era un lince, se resistía a los consejos de algunos nobles más modernos que le proponían una serie de reformas democráticas que le permitieran al pueblo vivir mejor.

A principios del siglo XX, Nicolás se metió en una guerra con Japón, en la cual le fue pésimo, y en Rusia en 1905 ya se había producido una insurrección, hija del hambre y el frío.

Para no ser menos que los otros imperios, se metió en la Primera Guerra Mundial, con malos resultados desde el inicio.

Los campesinos rusos que iban a la guerra no sabían por qué lo hacían y para muchos era la primera información que tenían de que existía un mundo fuera de Rusia.

Desde el siglo XIX, permanentemente se produjeron movimientos políticos y sociales contra el Zar, algunos de manera pacífica y otros a través de formas terroristas e insurreccionales. Las desgracias de la guerra hicieron que las protestas se agudizaran y cobraran vitalidad varios partidos políticos de oposición, otros se organizaron en torno al Zar.

Había un partido que tenía gran influencia entre los campesinos, los Socialistas Revolucionarios; había un partido de derecha llamado Kadete y los Socialdemócratas, seguidores de Marx, que estaban divididos entre los Bolcheviques, que era el sector más de izquierda, dirigido por Lenin, y los Mencheviques, más moderados, cuyo líder era Plejanov.

En verdad, a Nicolás no le gustaba ninguno y no hacía concesiones, salvo cuando la cosa se ponía muy fea.

Horrible se puso en febrero de 1917, de manera muy espontánea. La gente se levantó acompañada de los soldados; pedían que terminara la guerra, que hubiera paz y que se distribuyera, al menos una parte, de las inmensas extensiones de tierra.

En aquella ocasión, el Zar debió abdicar y se creó un gobierno provisorio, dirigido primero por un noble modernizante y después por un eserista muy popular, llamado Kerensky. Ninguno de los dos lo hizo bien, sobre todo, fueron incapaces de firmar la paz.

Con el tiempo, Lenin y sus amigos volvieron. Ellos no querían crear una república democrática, querían una revolución con dictadura del proletariado, que desencadenara en una revolución mundial.

El 7 de noviembre (25 de octubre, según el calendario juliano), los Bolcheviques sin demasiado escándalo se tomaron el poder y Kerensky escapó. Así, se formó de inmediato un gobierno constituido por bolcheviques en su gran mayoría.

Sin embargo, había un pero: durante decenas de años de oposición a la autocracia zarista, los rusos habían exigido tener una Asamblea Constituyente elegida por la ciudadanía.

A Lenin esto no le hacía ninguna gracia, lo consideraba un retroceso hacia una democracia liberal.

La idea era tan popular, que Lenin no pudo oponerse y el 17 de noviembre de 1.917 se eligió por votación popular la Asamblea Constituyente.

Los Eseristas obtuvieron el 40% de los votos (17 millones de votos). Los Bolcheviques, con todo el poder en sus manos, sacaron el 24% (10 millones de votos). Los Kadetes, harto a mal traer, sacan 7% y los Mencheviques, muy venidos a menos, un 3%.

La asamblea inició sus trabajos el 5 de enero de 1918. Fuera y dentro del edificio una gran masa armada bolchevique pifió, insultó e hizo callar a la mayoría, ejerciendo una funa prolongada y feroz.

Así continuó todo el día. Ya de madrugada, Zelenieskov, un fornido marino anarquista, tocó con delicadeza el hombro de Chernov –dirigente eserista– y le dijo: "Todos los presentes deben abandonar el salón de la asamblea, porque la guardia está cansada". Chernov, entre bien educado y muerto de susto, levantó la sesión y la citó para el día siguiente.

Al otro día, las puertas estaban cerradas a machete. Nunca más volvió a sesionar la Asamblea Constituyente. Al día siguiente, Trotsky dijo complacido que la disolución de la Asamblea Constituyente significaba la liquidación de la democracia en beneficio de la idea de dictadura. Como ven, este cuento resultó más bien un relato histórico y quizás, aunque no sea una fábula, es bueno ponerle una moraleja.

Me parece que podría ser la siguiente: los demócratas rusos tenían razón en considerar que la Asamblea Constituyente era la única esperanza de lograr una Rusia democrática, pero tardaron mucho en llevarla a cabo; y quienes querían reemplazar la autocracia por una dictadura, incluso habiendo sido derrotados en las urnas, tenían para ese entonces la brutalidad de la fuerza y la usaron sin contemplaciones.

Tengo muy claro que no pueden compararse procesos históricos tan lejanos y diferentes como ese y nuestro proceso constituyente, que debe iniciarse el próximo abril. La asamblea rusa buscaba el paso de la autocracia a la democracia mientras que nuestro proceso constituyente se realiza en democracia y busca su perfeccionamiento y profundización.

Aun así, hay lecciones que aprender: los demócratas, sean de izquierda, centro, derecha o independientes, tienen que participar sin vacilaciones en el proceso constituyente y no deberían amedrentarse por provocaciones violentas destinadas a enturbiar su realización.

Deben lograr que el eventual proceso de debate y elaboración pueda llevarse en un clima reflexivo y sereno por parte de los constituyentes elegidos y se respete el resultado final refrendado por la ciudadanía.

Hoy por hoy, nuestro futuro como país democrático se ha cristalizado en este proceso.

Ahí se juega el triunfo de la democracia sobre la antidemocracia, tenga esta el color que tenga.

Marzo 2020
Marzo

En la antigua Roma existían unas celebraciones de buenos augurios que se desarrollaban en marzo; ellas tenían un carácter festivo, cultural y de observancia religiosa. Se llamaban los Idus de Marzo.

Pero fue durante una de estas fiestas, la del año 44 a.C., que asesinaron a Julio César. Los Idus de Marzo adquirieron desde entonces una connotación ambigua y grave, y marcaron a final de cuentas el paso de la República al Imperio.

Plutarco nos cuenta que un vidente había advertido a Julio César el peligro que lo amenazaba, pero él no hizo caso e incluso le señaló que los idus ya habían comenzado. El vidente le respondió "sí, pero no han acabado".

Más vale entonces seguir el consejo de Shakespeare en su obra Julio César, cuando dice "¡Cuídate de los *idus* de marzo!"

Marzo ha sido también en Chile un mes de diversos significados, aunque nunca haya habido idus, es un mes a la vez duro y esperanzador. Concluye el estío, el descanso queda atrás, se reinicia (al menos en teoría) el año escolar, llega la hora de pagar las cuentas que generó el reposo y, a la vez, se inician proyectos y se enfrentan desafíos de vida.

La crisis de octubre, abrupta e inesperadamente violenta y prolongada, remeció un país que había vivido con tranquilidad un largo período marcado, sobre todo, por fuertes avances económicos, sociales y políticos desde que recuperó la democracia, por supuesto imperfecta y problemática, como todas.

La crisis social puso de manifiesto sus asimetrías y límites, mostró el desencanto que se había acumulado en un amplio sector de la población desde que el impulso inicial del proceso decreció, se abultaron sus defectos y se redujeron sus virtudes.

Con el estallido se hizo evidente que las cosas no podían seguir como estaban, que se requería un conjunto de reformas económicas, sociales y políticas que debían provocar una inflexión profunda hacia el logro de una democracia más exigente, una transformación productiva más sostenible y, sobre todo, una acción distributiva mayor que acompañara el crecimiento y nos llevara a una sociedad más igualitaria.

El tema central es cómo ello se puede lograr reforzando el sistema democrático y no destruyéndolo, fortaleciendo la convivencia ciudadana y terminando con lo peor de la crisis: el surgimiento de un archipiélago de violencia permanente, cotidiano, de destrucción material y simbólica que no descansó en verano y que no es democrático, ni quiere reformas sino imponer por la fuerza, el miedo y la amenaza de sus ideas; no le interesa dialogar, porque cree poseer la verdad, "la verdad verdadera".

Así lo ha señalado un exponente ya mayorcito de esa línea, poseedor de un recorrido de violencia largo y variado, que ostenta un alias de bovino, al señalar que negociaciones y acuerdos equivalen a *chanchullos* y traiciones.

Otro personaje de mirada iluminada nos ha repetido de manera tosca y exaltada "las tesis de abril" de Lenin, presentándolas como la novedad del año, recién sacadas del horno.

El camino para salir de la actual situación y restaurar con el tiempo las pérdidas materiales e inmateriales que ha sufrido el país –retomando una senda de convivencia democrática y un orden ciudadano sobre bases más justas y poco a poco más prósperas– tiene como eje el acuerdo en torno al plebiscito de abril sobre la cuestión constitucional.

Ello no gusta a los partidarios de la violencia que aspiran a una revolución, cuyos contenidos se mantienen difusos, pero que finalmente contemplan una sola verdad, la de ellos, y un solo método de acción, la fuerza.

Tampoco les gusta a quienes desde el otro extremo político quieren que nada se mueva, que nada cambie, una inmovilidad que cubre una inconfesable nostalgia por un pasado dictatorial.

La importancia del éxito de un proceso constituyente en las actuales condiciones, más allá de producir una Constitución aprobada por la ciudadanía, que sea justa, adaptada a los desafíos contemporáneos y en la cual quepamos todos, es resolver en términos democráticos la crisis de legitimidad, representatividad y gobernabilidad por la que atravesamos a través de un camino de continuidad institucional y no en las barricadas, que es el terreno de los violentos.

Por supuesto, sería ideal que el proceso constituyente se realizara desde el inicio con un orden público restaurado, pero ello no es realista, se hará con la presencia del archipiélago, la violencia. Este hará el mayor esfuerzo por obstaculizar el proceso.

A pesar de ello debemos, abrir paso estoicamente al proceso constitucional, porque es el único camino donde la razón democrática es fuerte.

Por decirlo de otra manera, es reforzando la legitimidad del orden democrático que lograremos reponer el orden público. No podemos esperar a que exista el orden público deseable para reforzar la legitimidad del orden democrático.

Desgraciadamente, en el Chile de hoy existen no pocas confusiones entre quienes apoyan la democracia. Es así como, pese a ser mayoría en la opinión pública la voluntad democrática, muchas veces aparece paralizada, murmulla en privado y no se hace escuchar.

Algunos han caído en un pesimismo sin salida. Razones no les falta, pero esa posición nos lleva con las manos atadas a la mortaja de la profecía autocumplida.

Otros sectores, de talante democrático, hace ya algún tiempo entregaron las herramientas ante el chantaje del archipiélago de la violencia en liceos y universidades, han aceptado casi todo y sin éxito.

Son esclavos de lo "políticamente correcto" y más de alguno ha llegado a justificar la violencia, la destrucción, la quema de museos, iglesias, de bibliotecas, libros y también de monumentos históricos, como una supuesta necesidad de la lucha por la justicia social.

La democracia no es perfecta y jamás lo será, está constituida por seres humanos que estamos llenos de defectos.

Entre nosotros hay de todo, codiciosos y generosos, honestos y corruptos, discriminadores y sin prejuicios. La ventaja de la democracia es que existe voz ciudadana y reglas del juego que cumplir y quienes lo hacen mal gobernando pueden ser cambiados en elecciones periódicas prefijadas, a través del voto.

En verdad los demócratas hemos tardado en asumir los errores y tropelías cometidos durante el proceso democrático, pero tampoco hemos tenido el coraje de defender sus logros, que son muchos. Nos hemos amilanado.

Es necesario terminar con temores y angelismos, dejar de lado las fronteras entre demócratas que están en todo el arco político y fuera de él y generar un espacio democrático mayoritario, que aísle y detenga el archipiélago de la violencia.

Abril 2020
El ego en cuarentena

El ego de la baja modernidad, aquella que Touraine nos dice que corresponde a la sociedad de la información en la cual vivimos, está hoy en cuarentena.

Vive su cuarentena sorprendido y venido a menos. Angustiado y asustado, humillado por un enemigo escurridizo, imprevisible y letal al que no esperaba.

Un virus, que como todos ellos es primario, invisible al ojo humano, parásito, pero incansable en buscar un hábitat en los humanos para sobrevivir y reproducirse.

Nuestro ego enorgullecido por sus conquistas consideraba que sus desafíos y peligros tenían que ver con las neurociencias, la inteligencia artificial, la robótica y la nanotecnología y se ha visto obligado hoy a descender a un contacto directo con la humana animalidad, probando el pavor de nuestros ancestros prehistóricos, de los antiguos, de los europeos medievales o, más cercanamente, de quienes sufrieron la gripe española a principios del siglo pasado con sus 50 millones de muertos.

Es así como los humanos de hoy estamos buscando continuar con nuestras vidas en la más oscura incertidumbre, tratando de protegernos bastante a tientas y sin fecha de salvación.

La historia de la humanidad ha sido, en parte, la historia de su lucha contra las pandemias, ello se registra desde Tucídides en las guerras del Peloponeso y se constituye en un tema recurrente en la literatura universal a través de relatos magníficos y terribles de sufrimientos masivos y atroces. Sus víctimas se han contado por millones en un mundo que tenía muchos menos habitantes que el actual.

Es verdad que las pandemias nunca han desaparecido del todo, pese a los grandes saltos del desarrollo material de la humanidad, los avances de la medicina y los progresos de la higiene. A fines del siglo XX y en lo que va del siglo XXI, algunas han sido extremadamente peligrosas.

Sin embargo, a pesar del miedo que provocaron, no invadieron el cotidiano de la mayoría, incluso ante las más rebeldes, extendidas y asesinas hubo la sensación de que el control llegaría y las derrotaría en algún momento, que la rapidez del contagio no sería tan vertiginosa ni que todos corrían peligro.

Nunca se pensó en ciudades cerradas, en aviones en tierra, en una economía detenida, en un modo de vida cambiado abruptamente, en la certeza de una regresión material.

Esa realidad impensable es la que está pasando con el coronavirus, por más que lo llamemos con un nombre más neutro de Covid-19.

¿En ese sufrimiento inimaginable habrán pensado también los antiguos griegos cuando consideraban las pestes como una expresión de la ira de los dioses o los europeos del medioevo cuando pensaban en algo aún peor, la ira de Dios?

Frente a este descalabro, del cual saldremos bastante magullados, por cierto, y en un período ignoto, ¿dónde quedará la arrogancia del individualismo moderno?, ¿qué sentido tienen las palabras de la señora Thatcher cuando afirmaba de lo más oronda que "no existe tal cosa como la sociedad" y el presidente Reagan cuando afirmaba que "el Estado es parte del problema"?

¿Puede alguien cuerdo pensar ante la actual pandemia que existe una salida alternativa a una respuesta colectiva que se combine con la responsabilidad individual?

La empatía y la solidaridad no son solo virtudes admirables, son nuestro pasaporte de sobrevivencia.

Solos, cada cual por su lado, no valemos nada. Sin una sociedad organizada y un Estado responsable solo nos aguarda el abismo.

Pensemos en Bérgamo, la martirizada ciudad del norte de Italia, ella es una ciudad rica, de larga prosperidad histórica, de una belleza injustamente poco conocida. La *Cittá alta* que es su centro histórico, tiene un encanto y una elegancia que aturden. Es en esa ciudad donde los muertos no caben en el cementerio y camiones militares trasladan los féretros a ciudades cercanas.

El virus no distingue pobreza de riqueza, la diferencia para evitar mayores estragos está en la rapidez y la amplitud de la respuesta, el sentido de urgencia de las instituciones, la disciplina de las personas, la fortaleza de la acción pública.

Trasladándonos a nuestro país, el virus nos sorprendió en la víspera de un proceso de cambios indispensables para reforzar inclusivamente nuestra democracia.

Nos sorprendió también cuando, en nombre del cambio, se había producido un prolongado período de destrucción y vandalismo llevado a cabo por quienes en realidad solo quieren dañar la vida democrática.

¿Cuán lejano a la realidad estaba el voluntarismo ciego de esos sectores que habían decidido que en los últimos 30 años no había existido ningún progreso social, que nuestra democracia era un fraude, que no teníamos instituciones a las cuales apreciar, que nuestro Estado era ramplón e inútil y había que destruirlo a piedrazos?

¡Pamplinas! La vida demostró que eso no era así, la desgracia hizo patente que pese a sus insuficiencias, carencias, aprovechamientos y límites se había construido un Estado democrático al cual la ciudadanía podía volver los ojos y, a su vez, podía criticar con fuerza, pero también desplegar su espíritu de cooperación y de sensatez en busca de la protección colectiva.

El actual gobierno comete muchos errores, como todos los gobiernos, pero sería mezquino señalar que no cumple con su deber y hace esfuerzos por coordinarse con el conjunto de instituciones de la sociedad, ejerciendo democráticamente su autoridad.

No estamos enfrentando la pandemia a descampado. Si nos comparamos con países más fuertes no lo estamos haciendo mal, por lo menos hasta ahora. Existe en toda la acción pública y societal más dedicación que negligencia lo que vale para agentes civiles y uniformados.

Lo cierto es que estamos atravesando una gran prueba de humildad colectiva a nuestro ego tan inflado, que parecía haber olvidado los escollos múltiples que debe superar la humanidad para avanzar.

Ello nos debe hacer reflexionar también sobre nuestra debilidad como individuos, de lo irreemplazable que es la dimensión pública no solo para vivir mejor, simplemente para vivir.

Creo que surgirán lecciones enormes para la salud, la educación y la economía y, cómo no, para el funcionamiento de la democracia.

De esta pandemia saldrá un mundo materialmente empobrecido, nuestro país tendrá una regresión económica inesperada, se necesitará una enorme solidaridad entre nosotros. Tendremos que repensar nuestra convivencia.

Requeriremos aprender a valorar los acuerdos y la cooperación más allá de nuestras diferencias, a dejar de lado arrogancias absurdas que no se compadecen con nuestra fragilidad, sobre todo porque vendrán tiempos duros.

Solo así habrá salido algo bueno para nuestro país y nuestras vidas después de esta siniestra calamidad.

Mayo 2020
¿El día después?

La dimensión de lo que está sucediendo con el coronavirus es enorme y la huella que dejará en la convivencia social será tan profunda, que cuando la ciencia encuentre un antídoto, y sobre todo una vacuna, si bien habrá un suspiro de alivio, difícilmente podremos decir que hemos llegado al ansiado día después.

No volveremos sin más a una vida normal recuperando nuestras viejas rutinas y nuestra cotidianeidad añorada ni retomaremos serenos nuestros caminos habiendo superado un doloroso bache como lo ha hecho tantas veces la humanidad en su largo recorrido.

La pandemia del Covid-19 ha sido mucho más que un bache en el camino.

Nos está mostrando que donde creíamos saber, resulta que había un "no saber" (Habermas), cuando creíamos tener un cierto grado de control sobre el quehacer humano había tan sólo una realidad precaria a merced de fuerzas y peligros que no controlamos y que apenas conocemos.

Las pandemias históricas nos parecían limitadas y limitables, las muertes masivas, que eran fruto de la decisión humana a través de guerras y masacres y, por tanto, una forma de barbarie, podían ser evitadas por la razón e idealmente eliminadas.

La actual pandemia es diferente, no depende de una decisión, la combatimos más en la oscuridad que en la penumbra, sin saber mucho cómo hacerlo, aprendiendo de nuestros errores, a tientas en una *selva selvaggia*, como diría el Dante.

No hay modelos ni sistemas, apenas experiencias que parecen funcionar mejor que otras, a las que, con justa razón, nos apegamos.

Tampoco tenemos antecedentes históricos que nos sean de gran utilidad. Las comparaciones con pandemias anteriores difieren, como lo señala Strauss Kahn, radicalmente en dos puntos. El primero es el del carácter hiperglobal de la actual infección, capaz de atravesar todos los sistemas sanitarios, golpeando a ricos y pobres. Baste señalar que todavía lo peor parece estar por llegar, tanto en la primera potencia mundial de Estados Unidos de América como en la región más débil, África. El segundo punto es su carácter absoluto, nadie está fuera de riesgo.

Hoy, el número de individuos confinados en sus casas es dos veces superior a la población humana existente en 1919, cuando sobrevino la gripe española.

Algo se ha roto con tanto estruendo y no logramos tomarle el peso. Ello va mucho más allá de la parálisis gigantesca de la base económica de las condiciones materiales de existencia, tiene que ver con la evidente fragilidad de los seres humanos.

La cercanía de la muerte con la cual vivían los hombres en el pasado y que la modernidad parecía haber alejado a través de la prolongación de la vida, conteniendo la intolerable certeza de la muerte, ha vuelto por sus fueros.

La pandemia rompió en pedazos el trocito de infinito que nos hacía sentir algo menos vulnerables. Viviremos en el futuro más lejos de una conciencia púber, la precariedad de la vida humana tenderá probablemente a incorporarse en la memoria colectiva.

No es claro cómo será ese mundo que vivirá con una sensación de riesgo y temor muy superior al experimentado hasta ahora.

El mundo del futuro inmediato será por varios años más pobre de lo que era hace apenas unos meses; de no mediar un gran esfuerzo político, la superación de la pobreza volverá a estancarse y la desigualdad al interior de las sociedades podrá crecer aún más. Es muy probable también que el proceso de convergencia entre países emergentes y desarrollados tienda a detenerse.

Si nos envolvemos en la mortaja del pesimismo, podemos imaginarnos, no sin razones, que predominarán los malos sentimientos, la desconfianza en el otro, el ansia de sacar partido para obtener ventajas geopolíticas, los nacionalismos autoritarios, las restricciones de las autonomías individuales a cambio de seguridad, la tendencia al aislamiento y la oposición a una cooperación económica regulada y a una gobernanza global real. Ya hay voces de líderes que dirigen países decisivos que pregonan un sálvese quien pueda.

Pero también podría predominar un camino en otra dirección capaz de sacar un tipo diferente de lecciones de la experiencia vivida en una dimensión más solidaria.

La pandemia nos ha mostrado que solo existe una respuesta colectiva frente al peligro de la infección, como solo hay una respuesta colectiva frente al cambio climático. Internet se ha mostrado como algo más que un instrumento individual. Ha mostrado su mejor potencial, actuando como una base de funcionamiento social que puede reforzar, no reemplazar, a sociedades conectadas en carne y hueso a través de la razón y los afectos de manera más horizontal y democrática.

Un mínimo de racionalidad nos muestra al observar lo sucedido que resulta absurdo o ideológicamente ciego seguir pensando la organización económica, social y política como una dicotomía entre el ámbito público y privado. Se requieren uno al otro.

Un Estado eficiente, con recursos y capacidad estratégica para prevenir y reaccionar frente a lo imprevisto y un sector privado creativo, emprendedor y responsable socialmente, que respondan a una sociedad abierta, deliberativa, pero no fragmentada y polarizada hasta la ruptura. Ello en el marco de una economía global más justa y regulada y una gobernanza global imprescindible.

Solo por ese camino se podrán mitigar las carencias y el sufrimiento que asomará para millones de seres humanos en el mundo en el futuro inmediato.

Solo así, con objetivos de avance gradual, modestos pero realizables, se podrá lograr un mundo algo mejor y más seguro, no el mejor de los mundos, que es algo tan fantástico como fantasioso.

A menudo en Chile nos cuesta interiorizar que somos parte de un todo mayor, que las cosas que nos suceden son parte de las venturas y desventuras globales.

Por ello, conviene evaluar cómo pasan las cosas en nuestro país con una mirada amplia y así como criticamos los errores que cometen los poderes públicos al enfrentar esta tragedia, seamos capaces también de valorar los esfuerzos y los resultados que se están logrando, que en buena parte son fruto de la construcción institucional republicana y democrática de los últimos decenios.

Claro, en algunas ocasiones el gobierno presenta un tino y una inteligencia comunicativa asintomáticos, es decir, indetectables.

En otras ocasiones, sectores de la oposición o de las oposiciones se distraen de sus deberes de cooperación crítica y se dedican a pensar que el pasto del vecino es más verde que el nuestro, escuchando arrobados a un personaje de rostro melancólico e ideas aproximativas, buenazo el hombre para dar consejos.

Lo que requerimos es mayor cooperación y templanza para derrotar la pandemia y enfrentar los duros tiempos que vendrán.

Junio 2020
Templanza

El ejercicio democrático en estos días se llama cooperación con quienes están a cargo del gobierno en los aspectos sanitarios, de disciplina social y en el plano económico. Hay que *chasconear* la economía, pero responsablemente.

Escuchando el debate público, de pronto tengo la impresión de que no terminamos de comprender la dimensión profunda de los tiempos de desolación por los que atravesamos, de las huellas y heridas que dejarán en nuestras vidas y en el mundo.

Si bien es difícil diseñar sus contornos, será un mundo más duro, más pobre, con menos certezas y con más riesgos, requerirá cambios en nuestra convivencia, en el uso de nuestros recursos y en nuestro sentido de la justicia, para que las cosas que ya venían mal no terminen en un peligroso retroceso en nuestra civilización.

Las pandemias han sido viejas compañeras de ruta de la especie humana. Han contribuido a hundir imperios como sucedió en la antigua China, a poner fin al Siglo de Oro en la antigua Grecia, a herir al Imperio Romano con la "peste antonina", a debilitar al Imperio Bizantino con la "plaga justiniana". En esas ocasiones, los muertos fueron entre un cuarto y un tercio de la población y el mundo torció su rumbo. En el siglo XVI, la viruela, diezmó los imperios precolombinos del Nuevo Mundo casi con más eficacia que la espada del conquistador.

Otras pestes modelaron siglos enteros. La "peste negra", nos dice Walter Scheidel en su libro *El gran nivelador,* estalló en el desierto de Gobi en la década de 1320, desde donde se extendió por China y el Viejo Mundo. Se trataba de una cepa bacteriana llamada *Yersinia pestis*, que reside en el tracto digestivo de las pulgas, las que se hospedaban en ratas que las transportaban.

De Crimea llegó a Italia en barcos genoveses y de allí se extendió por toda Europa, incluso muy al norte. En 1349 ya había llegado a Escandinavia. Sus efectos eran horribles y dolorosos, se inflamaban los gánglios y surgían unos bubones oscuros formados por derrames de sangre subcutáneos. Recorrió todo el siglo XIV y buena parte del XV, en diversas oleadas. Murieron millones de personas, señores y vasallos, ricos y pobres, aunque los pobres, claro, eran más. Mató a pensadores como La Boétie, cuya agonía fue relatada por Montaigne, su gran amigo. Italia perdió un tercio de su población; Inglaterra, la mitad. Recién en 1700 los ingleses lograron recuperar los habitantes que tenían el año 1300.

La peste continuó regresando de cuando en cuando en el siglo XVII. En su clásica novela *Los novios*, Alessandro Manzoni nos cuenta cómo esta azotó a Milán y su entorno, con escenas terribles de sufrimiento en medio de guerras y hambrunas.

La "peste negra" atravesó un buen trecho de la historia europea: la Alta Edad Media, las guerras de religión, el Renacimiento y todavía era un peligro en tiempos de la Ilustración.

La indefensión fue total. Los Estados premodernos no estaban organizados para la protección de sus habitantes, sino para las guerras, "el deporte de los reyes", como dijo Arnold J. Toynbee. Algunos creían que la peste era la ira de Dios, otros pensaban que era el fin del mundo.

Fueron pocos los gobernantes sensibles y aplicados que trataron de mitigar sus males y salvar al menos a los no contaminados. Así fue como surgió la cuarentena, –inventada por los venecianos que no permitían el ingreso de naves a la laguna durante 40 días hasta que los infectados ya no fueran de este mundo– y los lazaretos donde hacinaban a los enfermos, normalmente en espera de la muerte.

Terminó la "peste negra", pero vinieron otras, como la "gripe española", entre 1918 y 1920, que dejó 50 millones de muertos, y luego arribaron varias otras, de dimensiones más acotadas.

En la segunda parte del siglo XX ya el Estado moderno tenía deberes obligatorios de protección a sus ciudadanos. La medicina progresaba con otro ritmo, al igual que la prevención y las estructuras sanitarias. La higiene salvó muchas vidas así como también las vacunas, lo que permitió el alargamiento de la vida. Poco a poco la subsistencia humana adquirió más valor que en todo el recorrido histórico anterior.

Pero las infecciones no han dejado de existir, están vivitas y coleando en medio de nuestra avanzada modernización globalizada y nos han vuelto a golpear a mansalva. Nuestro orgullo individual exacerbado hubo de hacerse pequeñito en busca de una solución colectiva, la única posible.

Al Estado, tan denostado desde ambos extremos políticos en Chile, le pedimos con justicia que nos proteja la salud y que, además, asegure a amplios sectores de la población sus condiciones materiales de existencia durante la pandemia, sin pasar a llevar nuestra autonomía personal, lo que requiere un delicado equilibrio que no es fácil lograr en la práctica.

¿Lo han hecho bien o mal las autoridades actuales?

Es difícil establecer un juicio categórico en pleno temporal. Nadie en el mundo sabe a ciencia cierta cómo enfrentar la pandemia, ha sido en todas partes un proceso de ensayo y error.

Por cierto, personajes como Trump y Bolsonaro, que adhirieron desde un comienzo a un negacionismo absurdo e irresponsable, son muy reprochables, pero la gran mayoría de gobiernos y sociedades ha realizado enormes esfuerzos. Algunos han obtenido mejores resultados que otros, sin embargo, no existe una receta única. Mientras no tengamos vacuna o antídoto es difícil prever los tiempos y vislumbrar el final del túnel.

En Chile, una cierta soberbia inicial acerca del control de la infección generó quizás un desmedido optimismo, aprendiendo esa lección, hoy solo queda redoblar el esfuerzo que ha sido apreciable.

El ejercicio democrático en estos días se llama cooperación con quienes están a cargo del gobierno en los aspectos sanitarios, de disciplina social y en el plano económico. Hay que *chasconear* la economía, por cierto, pero responsablemente, sin producirle alopecia para siempre.

Lo que está en juego es la sobrevivencia de muchos y la recuperación de un país que sea capaz de tener un futuro necesariamente arduo, pero más justo y equitativo.

Cuando vemos en la cúspide política hipérboles verbales algo atolondradas, muestras de frivolidad y particularismos en el Congreso, acciones irresponsables de mentecatos que llaman rebeldía a la estupidez miedos paralizadores en mentes conservadoras y atajos afiebrados en mentes radicalizadas, se nos reafirma la convicción de que ese no es el camino a seguir.

La vía es aquella de la sobriedad y el interés común, la disposición sincera al diálogo, la voluntad de escuchar y no de sospechar para establecer acuerdos capaces de acortar el sufrimiento e impulsar una construcción de futuro deseable para todos.

Podemos atravesar esta selva oscura solo con humildad, cooperación y templanza.

Julio 2020
Pandemias y política

Tres pandemias mayores han azotado a Chile en los tiempos contemporáneos: la pandemia de la gripe española, entre 1918 y 1921; la influenza asiática, ocurrida entre 1957 y 1959, y el coronavirus, cuyos efectos estamos sufriendo actualmente.

Han sido pandemias globales. La primera dejó 50 millones de muertos en el mundo; la segunda, un millón cien mil, y la actual está todavía en desarrollo.

Chile ha sido muy golpeado por las tres. En las dos primeras el nivel de letalidad fue muy alto y en la actual el número de muertos hasta el momento es mucho mayor de lo que esperábamos.

Resulta muy complejo hacer comparaciones entre las tres pandemias, porque el Chile del año 1918 es muy diferente al Chile de 1957 y ambos son, a la vez, muy diferentes al actual. Pero aun así veremos que hay algo en común entre las tres catástrofes.

Para la gripe española del año 1918, Chile era un país de tres millones y medio de habitantes, la mayoría rurales, solo un tercio habitaba en ciudades y una buena parte lo hacía en condiciones de dura pobreza y hacinamiento, en conventillos o ranchos sin ventilación ni servicios de higiene. "Santiago era un conjunto de mansiones rodeado de tugurios", señaló en esos años un observador extranjero.

Eran los años finales de la república parlamentaria, gobernada por una élite oligárquica que se sucedía alegremente en una democracia restringida, donde el cohecho electoral era lo normal.

Existía una industrialización muy incipiente y la renta del salitre aseguraba muchas fortunas.

En 1918 gobernaba Juan Luis Sanfuentes, de origen balmacedista, político hábil, pragmático y de principios sumamente volátiles. Era un hombre alto y fornido, a quien tuvieron que ponerle una banda presidencial nueva, ya que aquella de su antecesor no le cupo; se trataba de Ramón Barros Luco. Este era un hombre menguado al parecer en todos los sentidos, que tenía una mirada tan anodina como su pensamiento, aunque era bonachón y dejó sobre todo una herencia gastronómica, un sándwich muy popular.

El salitre cayó bruscamente, lo que aceleró la deslegitimación del régimen parlamentario, aumentando los movimientos de protestas y las demandas por un Estado moderno más inclusivo, productivo y socialmente responsable.

En ese entonces casi no existía medicina preventiva y tampoco un verdadero sistema de salud pública.

La gripe entró como cuchillo en la mantequilla, con un gobierno débil e impotente. Entre 1918 y 1921 se acumularon 40.113 muertos.

Curiosamente, un gran foco de infección fue la Vega Central y la zona llamada del "ultra Mapocho".

Sin embargo, lograron aprobarse algunas medidas, las del Código Sanitario y, de paso, la Instrucción Primaria Obligatoria.

¿Hubo una relación entre la pandemia y los cambios que siguieron?

Es difícil establecer causalidades estrictas, pero algo habrá tenido que ver.

Años después, en el invierno de 1957 llegó la influenza asiática a Valparaíso, de la cual tengo un vago recuerdo de niño. Se alargaron las vacaciones de invierno y se suspendieron las clases de "gimnasia", pero no mucho más.

Están más vivas en mi memoria las huelgas y manifestaciones de abril en Valparaíso y en Santiago que adquirieron un carácter violento. Murieron 16 personas en la represión de ese estallido que comenzó con el alza de la tarifa del transporte.

Chile tenía entonces seis millones y medio de habitantes, una creciente urbanización y una demografía en pleno desarrollo.

Existía ya una sanidad pública y notables salubristas, pero la economía del país crecía muy lentamente, la inflación era altísima y seguía habiendo mucha pobreza y desigualdad social.

Gobernaba en ese entonces Carlos Ibáñez del Campo, quien había regresado al gobierno en su versión crepuscular, prometiendo terminar con la corrupción, aplicando una cierta versión edulcorada de aquello que se definía como lo "nacional popular". Pero ya era un tigre herbívoro, la economía entró en crisis. Trató entonces de aplicar medidas de austeridad y el país se le llenó de huelgas.

Sin liderazgo y con poco apoyo lo pilló la pandemia. Si bien nombró un Comité de Influenza, y se hicieron esfuerzos, murieron al parecer alrededor de 20.000 personas. Cifra considerada muy alta a nivel mundial.

La pandemia que enfrentamos actualmente tiene otra dimensión. Se trata de una pandemia hiperglobalizada, que tiene al mundo semiparalizado, con confinamientos masivos y la economía mundial en caída libre, sin saber cuándo concluirá. Todo el avance científico y médico aún no es capaz de avizorar el final del túnel.

El Chile de hoy es también un país distinto al de las pandemias anteriores, es un país moderno y con un nivel de desarrollo medio-alto. Su población supera los 19 millones, cuenta con políticas sociales estructuradas y en los últimos decenios ha podido hacer descender notablemente la pobreza, aunque ha tenido menos éxito con la desigualdad y la vulnerabilidad social.

Con los recursos acumulados ha podido prestar una atención sanitaria masiva y proteger económicamente a los más carenciados.

Sin embargo, los resultados hasta ahora no son buenos, hoy la exigencia es mucho mayor y valoramos mucho más la protección de la vida humana.

La pandemia llegó, al igual que las pandemias anteriores, en un período de exasperación social, cuando la vida política no pasaba un buen momento y la confianza en las instituciones y los representantes políticos de gobierno y de oposición habían caído a su nivel más bajo, cuando el liderazgo presidencial era notoriamente insuficiente.

Seguramente ello ha influido en que el enorme esfuerzo humano y profesional que se ha desarrollado con aciertos y errores no tenga una respuesta comprometida por parte de una ciudadanía marcada por la desconfianza. Mientras ello no cambie, será muy difícil alcanzar una inflexión positiva.

Parecería que se entiende poco, tanto en el gobierno como en la oposición, que el nudo del problema no reside solamente en la virtud de las estrategias sanitarias, sino en aumentar los niveles de la confianza ciudadana. Ello sucederá cuando el debate político deje de parecerse a una bolsa de gatos que tienen como objetivo arañarse entre sí.

Frente a la situación actual no hay tarea política más importante que la reconstrucción de las confianzas, y ello comienza por respetar las reglas del juego existentes, acatar el lugar donde la voluntad democrática colocó a cada quien y cumplir con los compromisos adquiridos en las negociaciones realizadas sin tratar de volver atrás, construyendo sobre esta base un diálogo con resultados.

Lo otro es un camino de dolor y decadencia donde no ganará nadie. Perderá el país.

Agosto 2020
Retroceso o decadencia

América Latina se ha convertido en un lugar central de la actual pandemia y los efectos que esto tendrá –una vez aliviado el dolor de las pérdidas humanas– serán graves y dañinos en el plano económico y social, lo que no augura una situación política plácida, sino más bien borrascosa.

La recuperación será muy lenta, llena de tribulaciones, y puede pasar por momentos muy conflictivos que pondrán a dura prueba el sistema democrático que siempre ha sido frágil en esta región y que ya mostraba diversas dificultades antes de que nos cayera encima la pandemia.

Las proyecciones más recientes que nos han mostrado la Cepal y otros organismos internacionales son desoladoras. La caída del producto interno bruto (PIB) será para América Latina y el Caribe de -9,1%, y las tres economías más grandes de la región, México, Brasil y Argentina, caerán aún más: un promedio de -9,4%. Chile bordeará el -8%.

El PIB per cápita de la región, que venía subiendo desde 1.990, pero que se había estancado hacia 2014, retrocederá 10 años, será similar al de 2010. Vale decir, la década que concluye será nuevamente, en materia de crecimiento, una década perdida, tal como lo fueron los años 80 del siglo pasado.

La desocupación laboral alcanzará un 13,5% a fines de este año, es decir, 5,4% más que en 2019.

El nivel de pobreza subirá en América Latina de 185,5 millones a 230 millones de personas y, entre ellas, los que viven en condiciones de extrema pobreza aumentarán de 67,7 millones en 2019 a 96,2 millones en 2020. Esto significa que el 37,7% de la población vivirá bajo la línea de la pobreza. En Chile, la pobreza subirá del 9,8% al 15,5%; en Argentina lo hará del 26,7 % al 37,5%; en México, del 41,9% al 49,3%, y en Brasil, del 19,2% al 26,9%. También aumentará la desigualdad en la distribución del ingreso en toda la región. Los países donde más lo hará serán Argentina, Ecuador y Perú.

Los latinoamericanos tendremos que hacer frente a un gigantesco retroceso que ya se manifestaba de manera pausada en todos los países independientemente de su orientación política o económica bastante antes de la aparición del Covid-19, con la conocida excepción de Venezuela, que viene desmoronándose de manera vertiginosa desde hace tiempo. Su economía este año caerá -26%.

La movilidad social descendente afectará sobre todo a un gran sector de las capas medias, medias bajas y de ingresos bajos, aunque no pobres, que habían logrado salir de la pobreza en los años de bonanza, entre 2003 y 2013. Un número importante de entre ellos volverá a cruzar en una dirección inversa la línea de pobreza.

Todo ello tenderá, junto a otros factores, a agudizar la inestabilidad política.

La dimensión de esta caída va más allá de un simple retroceso, pues va acompañada de un conjunto de elementos que caracterizan algo más grave y difícil de revertir en un período razonable. Me refiero a la posibilidad de una eventual decadencia, el desarrollo de un proceso histórico-cultural en el cual toda la estructura social comience a perder su institucionalidad básica y los valores que la constituyen, debilitándose de tal manera que puede hacer que más de un país de la región se encamine hacia una suerte de desintegración o de colapso social de duras consecuencias.

Estos elementos no son solo económicos y sociales, tienen que ver con situaciones extendidas de anomia social, la percepción de un disfuncionamiento de las instituciones democráticas y de abuso de quienes ocupan posiciones de poder, una pérdida del monopolio de la fuerza por parte del Estado y una dilatada corrupción de agentes públicos y privados.

Acompañado todo ello por una cierta indiferencia social frente al uso de la violencia como expresión política, una presencia desafiante de la criminalidad, un crecimiento de la desconfianza y la intolerancia que unida al crecimiento de la desigualdad pueden terminar conformando una combinación tóxica, conducente a un proceso de decadencia.

Quisiera creer que Chile, pese a los niveles de retroceso que muestra, está todavía a una cierta distancia de un fenómeno de decadencia.

Los avances logrados, sobre todo durante los años 90 y el primer decenio de este siglo, prácticamente en todos los aspectos del desarrollo, aunque menor en el plano de la igualdad social, han permitido al país enfrentar los avatares de los últimos años con mayor fortaleza.

Sin embargo, ningún patrimonio, por sólido que sea, dura eternamente. Diversos elementos propios de la decadencia han ido apareciendo en el último decenio, despreciando los pasos de progreso persistentes y graduales de los primeros 20 años de la democracia.

Ello ha generado un imaginario, un impulso y finalmente una acción política confrontacional que ha dejado poco espacio a la reflexividad en el debate político y ha depreciado el valor de la negociación serena y estimulado el denuesto, la frivolidad, el cortoplacismo y la farándula en la política.

Todo ello en un momento dramático, que requiere más que nunca una fuerte cohesión social y un esfuerzo distributivo real que morigere las desigualdades a través de instrumentos eficaces y progresivos de políticas públicas.

No son ilimitados los tiempos para revertir estas tendencias y evitar un declive más pronunciado.

El gobierno, y en particular el Presidente, debería tomar nota de sus pasos en falso y de su ausencia de conducción y comprender con realismo que requiere de acuerdos fuera de su sector para ejercer su tarea con mayor eficacia.

Desgraciadamente, el reciente cambio de gabinete pareciera en lo fundamental dar una señal contraria a un esfuerzo para buscar acuerdos constructivos, el rostro que muestra es más agrio que cautivador.

La oposición de vocación democrática, por su parte, no debería navegar siguiendo el aplauso fácil, que siempre será efímero y que reforzará caminos y estilos que le deberían ser ajenos, olvidando los largos tiempos de la construcción democrática. Por ese camino concluirá como compañero de ruta de una zalagarda cuya orientación no se conoce.

En vez de agitar miedos y deserciones, quienes tienen responsabilidades políticas harían bien en considerar el proceso de cambio constitucional como un espacio particularmente favorable para reforzar las virtudes republicanas a través de la generación de una Constitución en la que quepamos todos, en vez de imaginarlo como un nuevo campo de batalla que haga imposible una legitimidad compartida.

Si nada de ello se produce, el retroceso puede convertirse en decadencia, quizás lenta y ojalá no iracunda, pero a fin de cuentas pobretona, injusta, mediocre y, sobre todo, difícil de revertir.

Septiembre 2020
Nueva Constitución y democracia

Como en política la memoria suele ser corta, parece bueno recordar el suspiro de alivio que recorrió el país cuando esa noche de violencia, el 15 de noviembre de 2019, que seguía a tantas otras parecidas, durante las cuales el gobierno parecía aturdido, las instituciones democráticas carecían de conducta y las fuerzas del orden de orientación, se logró el acuerdo sobre el proceso constitucional.

Desde octubre parecía que la democracia chilena había perdido el rumbo, *no daba pie con bola* y el ambiente era angustioso y extenuante. Santiago y otras ciudades principales lucían comercios cerrados y acorazados, sus muros estaban rayados con frases tremebundas, algunas de ellas ingeniosas, otras conteniendo insultos de alto voltaje lascivo en relación a los carabineros y su entorno familiar. Todas ellas estaban escritas con una ortografía arbitraria y desdichada. Cualquier edificio podía ser objeto de las llamas y la barbarie, desde la embajada argentina hasta el Museo Violeta Parra.

Ese suspiro de esperanza en la noche de todos los peligros surgió cuando todos los partidos políticos que se proclaman democráticos lograron un acuerdo que tenía por norte sacar al país de una polarización extrema que provocaba destrucción y parálisis, donde la política había sido cambiada por un campo de batalla.

Se trataba de impulsar cambios que eran necesarios, recobrando un *locus* democrático y pacífico a través de un proceso de nueva Constitución, esta vez legitimada en su origen por los ciudadanos, acordando para ello reglas, tiempos y mecanismos decisionales como parte de un camino para superar los pasos perdidos de la democracia chilena.

Por supuesto, este acuerdo no terminó con todas las expresiones de violencia porque sus partidarios, con o sin prontuario, no creen en la democracia; sus objetivos, aunque son variados y difusos, persiguen otros mundos que tienen en común la exclusión de quien no comparte sus convicciones o sus rencores.

Como a los tiempos tumultuosos siempre se agregan nuevas tribulaciones, una pandemia abrupta, rápida y global atacó a los chilenos. El coronavirus obligó a dejar todo en suspenso. Con el imperioso objetivo de sobrevivir, tuvimos que sosegarnos y mirarnos con otros ojos.

Ese Chile que solo parecía tener defectos y ninguna virtud, mostró más recursos de lo esperado y sus habitantes, un espíritu más fraterno de lo que se suponía.

El gobierno por fin encontró algo indispensable para hacer y las fuerzas de orden tuvieron una tarea no menos cansadora como prioridad, pero más gratificante.

En la lucha contra el coronavirus se han cometido errores por precipitación, como siempre, pero también aciertos que han permitido hacer frente a la ruda infección y sus efectos económicos para la población.

Sabemos que llegará un momento en que superaremos esta pandemia y retomaremos un ritmo de vida más normal, aunque diferente al que experimentamos antes.

Habrá que vivir con el dolor de las ausencias, las cicatrices de las apreturas económicas y el confinamiento y seguramente introducir nuevas formas de convivencia, estudio y trabajo.

Ya hoy somos un país más pobre, más desigual y menos soberbio. Si no hacemos un gran esfuerzo nuestro desarrollo tardará mucho tiempo en lograr el nivel económico en el que estábamos.

Para ello necesitamos una democracia que funcione mejor, que recupere su credibilidad. Será indispensable recuperar una cierta nobleza de la política, tan venida a menos en los últimos años. Solo así será exigible un comportamiento honesto de toda la institucionalidad pública y privada.

Lo primero es cumplir con la palabra empeñada y realizar sin excusas el plebiscito de octubre.

El desarrollo del proceso constitucional es la base para el reforzamiento de la política democrática, para terminar con la lógica amigo-enemigo, para que se afiance una adversariedad civilizada, para que la expresividad social excluya radicalmente la violencia y no la acepte como un mal necesario para mover montañas.

Los sistemas democráticos no florecen en un enfrentamiento continuo y violento. Su fortaleza reside, entre otras cosas, en el aislamiento de los sectores antidemocráticos para aplicar con legitimidad la ley que permita un orden público compartido. Sin ello se abre la puerta a todos los demonios autoritarios.

El proceso constitucional será importante, pero no dramático, no debiera concitar ni miedos ni ideas mágicas de refundaciones instantáneas.

Las páginas de una nueva Constitución en democracia suelen llenarse a partir de un debate pluralista, reflexivo, donde los extremos difícilmente se salen con la suya. En democracia, al fin y al cabo, son los países los que cambian las constituciones y no las constituciones las que cambian los países, aun cuando si éstas tienen legitimidad, responden a necesidades reales, expresan reglas compartidas y ayudan a hacer mejores las sociedades.

No hay procesos constitucionales ideales, tampoco lo será el nuestro. Seguramente, si vence el Apruebo como creo que sucederá, ya sea la Convención Constitucional o la Convención Constitucional Mixta, no estará conformada solo por mentes amplias y esclarecidas, por pluralistas convencidos, ni siquiera por demócratas de fierro.

Habrá de todo, como de todo existe en el país. La democracia no responde a la lógica del rey filósofo de Platón. Los elegidos no son los mejores, sino los que obtienen la votación necesaria. Aun así, la democracia es lo mejorcito que ha producido la humanidad como sistema político.

Así también será el debate de la convención, se mezclarán las ideas generosas y de búsqueda de un bien común y las mezquinas y dogmáticas, las de defensa de intereses generales con las de cruzados de intereses sectoriales. Algunos querrán redactar un programa infinito y barroco, detallando todos los derechos imaginables sin fijarse en gastos, y otros querrán ser parcos y austeros, como el Avaro de Molière. Para algunos la propiedad será sacratísima y sin límites, verán con terror que se le ponga algún lindero, para otros ella será solo fuente de codicia y tratarán de fragilizarla al máximo. Así sucederá en muchos temas. Pero habrá también muchas voces serenas que buscarán en todos los planos propuestas modernas, equilibradas y realistas que al final serán el eje de los acuerdos de un texto razonable capaz de proteger libertades e impulsar una mayor igualdad para someter la decisión al pueblo soberano.

Lo mejor es que nadie salga de la convención ni enteramente desolado ni tampoco demasiado contento. Será la garantía para que todos podamos por un buen tiempo convivir en paz bajo su alero.

Octubre 2020
Aclarando el guirigay

Cuando más parecía *morta e sotterrata*, muerta y enterrada como dicen los italianos, la palabra socialdemocracia asoma con fuerza en la primavera chilena.

Quién sabe si este reclamo de socialdemocracia, con lo que ella conlleva de moderación, gradualidad y voluntad de diálogo, no sea producto de la larga exasperación por los rudos y angustiosos tiempos de pandemia. O tal vez por la dureza del trato de quienes gobiernan cometiendo demasiados errores, y de quienes se oponen mostrando músculos un día sí y el otro también, impulsando acusaciones constitucionales a destajo y luchas agrias al interior de los partidos con insultos que no se diferencian mucho de los que les propinan al adversario.

En fin, un clima hosco, decadente, en el cual los intereses colectivos no logran sobreponerse a los obstáculos mezquinos de las conveniencias partidarias.

En ese ambiente de pronto surge la necesidad de autodefinirse como socialdemócrata, una definición despreciada hasta ayer por blanda y conciliadora. Se plasma en la derecha y en la izquierda, en boca de aspirantes a la Presidencia de la República, y en aspirantes a "lo que sea su cariño".

Se utiliza también en encuestas como nombre de un modelo políticoeconómico y curiosamente un 40% de los encuestados define el modelo chileno como tal y el 68% como un modelo deseable para el futuro.

Para procurar entender de qué estamos hablando se requiere un mínimo de claridad y que no todo sea igual a todo. Se hace, por lo tanto, necesario tratar de desentrañar la *chimuchina* y debatir sobre conceptos reales y no fantasmagóricos.

La socialdemocracia no es un decir al pasar, tiene una historia, ha desarrollado un pensamiento y una metodología política que naturalmente ha ido variando con el tiempo.

La socialdemocracia clásica surge como una tendencia revisionista y reformadora del pensamiento marxista y se separa gradualmente del marxismo revolucionario. A comienzos del siglo XX asume la dirección de la segunda internacional y del movimiento obrero internacional, pero casi no tuvo existencia en Chile ni en América Latina, salvo de manera limitada en Argentina y Uruguay.

En 1899, Eduard Bernstein, quien junto a Engels y Kautsky había participado en la puesta en forma de los libros II y III de El Capital, escribe Premisas del socialismo y objetivos de la socialdemocracia. Señala en ese libro que el análisis de Marx y sus predicciones no estaban resultando exactos y que la anunciada pauperización de la clase obrera no tendría lugar, ya que diferentes factores tecnológicos y las luchas sindicales estaban llevando un proceso de cierta mejoría en las condiciones de vida de los trabajadores, que la sociedad se hacía cada vez más compleja y las clases medias tendrían una amplia importancia.

En consecuencia, el socialismo se encarnaría en reformas graduales y en la extensión de la democracia.

De allí se desprende que la democracia no es una teoría táctica para alcanzar algo diferente, el sufragio universal deja de ser una consideración circunstancial. El socialismo, entonces, no es más que la extensión de la democracia a la gestión económica, sin que desaparezca la gestión privada. Por lo tanto, no es necesaria una ruptura violenta y tampoco una dictadura del proletariado.

La socialdemocracia romperá con las revoluciones del siglo XX para transformarse, particularmente después de la Segunda Guerra Mundial, en una concepción reformista que no propone terminar con el capitalismo y que adhiere a la democracia liberal, proponiéndose reducir las desigualdades que genera la economía de mercado a través de políticas públicas diseñadas para ese efecto.

En 1959, el Partido Social Demócrata alemán, el partido paradigmático de la socialdemocracia junto con los partidos nórdicos abandona la referencia al marxismo, en su congreso celebrado en Bad Godesberg. Expresa "no tener verdades últimas", planteando que el mercado y la justicia social no son incompatibles y afirmando "competencia donde sea posible, planificación donde sea necesario".

La socialdemocracia jugó un papel muy importante en la formación del "estado de bienestar" en los 30 años gloriosos de desarrollo socialmente inclusivo en la Europa de la posguerra, pero no hay que confundir los dos términos.

En la conformación del estado de bienestar en Francia jugó un papel decisivo el republicanismo de De Gaulle, en Italia y Alemania la Democracia Cristiana y en Inglaterra junto al laborismo, el pensamiento liberal. Ni qué decir en la versión estadounidense del New Deal, que viene de una tradición política demócrata muy distante de la socialdemocracia clásica.

En Chile, las primeras experiencias reformadoras modernas se dieron en el ámbito del Frente Popular, parcialmente en los gobiernos radicales y en el gobierno de Eduardo Frei Montalva.

El gobierno de la Unidad Popular, con todas sus particularidades, tuvo una ambición revolucionaria algo difusa que no logró concretarse por su derrocamiento violento.

Por lo tanto, en Chile, una metodología política similar a la concepción socialdemócrata, con los límites impuestos por la reconstrucción democrática, recién se experimentó en los gobiernos de la Concertación con muchos más éxitos que errores.

La socialdemocracia no es entonces un término baladí, tampoco es una panacea política. Ha cometido faltas en su recorrido, aunque no genocidios ni aplastamiento de las libertades democráticas.

El paso de la sociedad industrial a la sociedad de la información produjo cambios de estructura social que le causaron, tal como al conjunto de las fuerzas políticas, una crisis y la necesidad de un *repensamiento* de sus políticas.

El gran historiador Tony Judt, desaparecido demasiado joven, decía: "Sería agradable, pero engañoso prometer que la socialdemocracia o algo parecido represente el futuro como algo ideal. Pero esto sería volver a narraciones desacreditadas. La socialdemocracia no representa un futuro ideal: ni siquiera un pasado ideal. Pero es la mejor opción que tenemos hoy".

Resulta importante tener presente esa historia y estos conceptos en tiempos en los cuales circula demasiada frivolidad conceptual e info entretención.

La socialdemocracia es una alternativa política con un pensamiento que trata de conciliar los conceptos de libertad e igualdad en un marco democrático, a través de un método de reformas graduales pero persistentes, que para imponerse rechazan todo tipo de violencia.

No es un estado de ánimo benevolente, risueño y cordial sin ningún contenido, como tampoco un conjunto de mandamientos radicales que deban cumplirse a rajatabla en cualquier parte del mundo en nombre de una particular felicidad obligatoria.

Se trata de un camino sensato para construir un mundo mejor y no el mejor de los mundos.

Ni más ni menos.

Noviembre 2020
Una semana después

Ha transcurrido una semana desde el plebiscito y se han realizado múltiples análisis. Tal como era esperable, ha habido interpretaciones militantes, ingeniosas, eufóricas y depresivas.

Quién sabe si ha llegado el momento, una semana después, de bajar los decibeles y de procurar entender con calma el resultado del plebiscito y cuál puede ser su impacto duradero para el futuro de nuestro país.

Un primer elemento necesario de considerar es que se materiaterializó, cumpliendo así con el acuerdo de esa noche de peligro y desconcierto de noviembre del año pasado.

Se logró efectuar superando deserciones, dudas y el ahogo de la violencia que se ciñó como una sombra siniestra apenas una semana antes de su realización.

Se organizó de buena manera despertando el interés de los ciudadanos por participar, demostrando así que si bien la institucionalidad democrática ha sido herida en el último tiempo, todavía existe una credibilidad en sus procedimientos que hizo acudir a las urnas.

El 50,6% de los chilenos habilitados para votar lo hicieron, en una situación pandemia, de dificultades económicas y de incertidumbre respecto de su futuro.

El ambiente de una votación no es algo secundario. Esta se realizó con serenidad, con un sentido de seguridad en su transparencia y hasta con una atmósfera festiva, sin el temor de incidentes, de manera civil y respetando las normas demandadas por los organismos responsables para evitar que un acto cívico terminara siendo una desgracia sanitaria.

¿Por qué esto es importante? Porque pese al espacio que ha ocupado la violencia, el destrozo, el insulto y la negación de la opinión del otro, aún persiste –y no solo entre los mayores, sino en amplios sectores de los más jóvenes– la capacidad para participar activamente. Y de hacerlo con un espíritu pluralista, en una práctica democrática y pacífica que puede contribuir a recuperar el espíritu cívico despreciado por quienes han alabado la violencia como mal necesario para inducir los cambios o señalado su inevitable rol de partera de la historia.

Sin dudas, el contenido y la forma de lo sucedido el domingo pasado ha sido un alto en el camino de decadencia a la que tratan de arrastrarnos los violentistas, cuya solidez aún no conocemos.

Ha sido un respiro para la esperanza democrática. "Los chilenos parecen volver a lo suyo, a resolver sus diferencias por el voto", me dijo en estos días un importante sociólogo europeo.

Ojalá tenga razón y no se trate de una ilusión destinada a no perdurar.

El resultado del plebiscito señala una voluntad contundente de redactar una nueva Constitución de la República a partir de un momento democrático.

Para hacer perdurar el espíritu que primó el domingo pasado se requiere, por parte de quienes votaron por la opción triunfadora, una lectura no partisana, sino históricamente consciente de entender este triunfo como una fuerte responsabilidad, de comprenderlo como el establecimiento de una base ancha e inclusiva de un largo proceso republicano a seguir.

Por cierto, el plebiscito no borró las diferencias entre los chilenos, no todos los que votaron Apruebo imaginan una Constitución futura de la misma manera.

Si bien una mayoría de ellos se ubica en la oposición al actual gobierno, una parte de los que votaron Apruebo corresponde a sectores que se ubican en la derecha o bien en ese amplio mundo políticamente volátil que no se siente parte de opinión política alguna.

Por otra parte, en la Región Metropolitana donde se dieron casos de algunas comunas donde triunfó el Rechazo, basta comparar el voto de aquellas con la concentración territorial de la riqueza para ver cómo se superponen. El fundamento del Rechazo surge mayoritariamente del miedo al cambio que muchas veces es propia del pensamiento conservador.

Derrotado el Rechazo, el pensamiento conservador –actuando de manera democrática– debería abandonar la negación obstinada de todo cambio y participar a través de sus representantes en la Convención Constituyente con un espíritu de no obstrucción y buena fe en un debate razonable.

El segundo elemento importante que nos entrega la jornada del domingo pasado es que los pasos que siguen se vinculan a un reforzamiento de la democracia representativa, tan venida a menos en los últimos tiempos.

Es de esperar que los partidos políticos aprovechen esta oportunidad de recuperar el prestigio perdido y comprendan que no han sido ellos los vencedores, sino el comportamiento ciudadano, que les está dando una oportunidad de hacerlo bien. Ojalá puedan generar espacios para lograr resultados sólidos en lugar de construir una suerte de circo romano donde sus gladiadores armen una bronca sangrienta que termine a cuchillazos, a través de la selección de candidatos donde jugarán un papel decisivo.

El éxito del proceso dependerá en gran parte de la calidad de los constituyentes, que permitan combinar conocimiento, convicción y flexibilidad para construir los acuerdos necesarios para elaborar un texto que no encarne solo la voluntad de una parte, sino que sea aceptable para la gran mayoría.

Es por ello que ninguna construcción constitucional democrática en el mundo puede guiarse por minorías estrechas. Deben plantearse condiciones de mayorías consistentes que permita la convivencia entre quienes piensan distinto. La Constitución debe poder albergar gobiernos de diferente orientación y poner límites que todos deban respetar.

Esa es la diferencia entre las constituciones democráticas y las autoritarias que se construyen solo para arropar a quienes creen poseer una verdad absoluta.

Por lo tanto, es fundamental que los miembros de la Convención Constituyente sean mujeres y hombres capaces y dialogantes y no gladiadores fanáticos.

No se trata de tener candidatos que sean santos o genios, sino gente honesta, abierta y aplicada. Por algo la ciudadanía no votó por la convención mixta y actuó al revés del dicho popular pensando que "más vale diablo por conocer que diablo demasiado conocido".

Finalmente, es necesario que gobierno y oposición morigeren el tono y expliquen con honestidad que la Constitución puede ser un buen marco de convivencia, importante para construir un país mejor –cómo no– pero no el maná que caerá del cielo para todos.

Estamos y continuaremos estando los próximos años en una situación difícil, por lo tanto, será indispensable una agenda socioeconómica paralela que acompañe al proceso constituyente.

Ello requiere una calidad de acción política mucho mayor de la que hemos tenido hasta ahora, por cierto en el gobierno, pero también en la oposición.

Diciembre 2020
La fragilidad de lo precioso

La democracia es el único sistema político creado a través de un duro y largo camino de acumulación civilizatoria que protege la libertad individual a la vez que las igualdades política y jurídica. Ellas buscan extenderse a una mayor igualdad económica para que, entre otras cosas, las libertades puedan ser ejercidas por todos.

Carece de perfección. Ha sido imperfecta desde que surgió, llena de límites. Es imperfecta hoy, donde con justicia se cuestionan sus contradicciones, los abusos que alberga, los privilegios que permite, y será imperfecta también mañana aun cuando logremos que morigere las desigualdades que genera su base económica y que sea capaz de ampliar los mecanismos que permitan el control ciudadano sobre quienes gobiernen.

No es casualidad que aquellos que aspiran a sociedades perfectas, a paraísos terrenales, a igualdades uniformes y a la ausencia total de mecanismos de representatividad, encuentren que la democracia es un fraude y sean muchas veces partidarios de que se produzca un baño purificador a través de la violencia, para caminar hacia una sociedad igualitarista y uniformadora.

En la historia, esas aspiraciones no han dado como resultado sociedades de personas libres e iguales. Han dado como resultado dictaduras, totalitarismos y autoritarismos, en los cuales los iluminados intérpretes de la felicidad humana han concentrado el poder y han impuesto la fuerza para obtener la obligación de la sonrisa. Ese y no otro ha sido el devenir de las revoluciones contemporáneas.

La democracia ha renunciado a una perfección futura, también a una visión única del futuro deseable. Es un sistema político construido para que en su interior convivan y compitan, de manera pacífica y a través de reglas acordadas de antemano, personas con visiones, intereses y aspiraciones diversas.

Conoce los límites de la naturaleza humana su mezcla de buenos y malos sentimientos de generosidad y mezquindad, de envidia y compasión; ha escuchado a Kant, cuando este dijo: "De la torcida madera de la humanidad no se ha hecho ninguna cosa recta".

Lo distintivo de la democracia es que sus rasgos salientes son la consideración de verdades relativas y no de verdades absolutas en el debate político, el aprecio de la flexibilidad y la deliberación frente a la pasión y la imposición, el avance gradual como método de funcionamiento por excelencia y la solución pacífica de los diferendos que necesariamente se producen en la convivencia humana. Todo ello excluyendo terminantemente la violencia.

Requiere, por lo tanto, aceptar que será siempre una promesa parcialmente incumplida. Ninguno de los valores con que se identifica tendrá una realización plena.

Plantea también una cierta modestia de los resultados, una renuncia a la epopeya redentora, una cierta renuncia a los himnos épicos que llenan los ojos de lágrimas y emociones fuertes a través de afirmaciones categóricas propias de quienes creen poseer la clave de un radiante porvenir.

Fernando Savater nos dice que a fin de cuentas "la democracia no promete una sociedad políticamente mejor sino una sociedad política. Los otros sistemas renunciaron a ello y organizan órdenes jerárquicos, ganadería humana cuyas reses pueden estar bien alimentadas, ser prósperas y retozar alegremente juntas, no tener demasiadas quejas, hasta ser plácidamente felices. Pero les falta la libertad de gobernar y gobernarse, sin lo que no se es sujeto político".

Al ser un sistema que trata de limitar al máximo el uso de la fuerza y la arbitrariedad, sujetándose a reglas establecidas, la democracia es el más frágil de los sistemas políticos. Requiere una confirmación permanente de los ciudadanos; su existencia depende de una voluntad de convivencia democrática y no puede defenderse negando sus principios y sus valores. "No es una situación, es una acción" nos dice Kamala Harris, la actual vicepresidenta electa de los Estado Unidos de América.

Ello no es fácil en tiempos turbulentos. Cuando aumentan las desigualdades surgen sentimientos y soledades modernas en sectores medios de la sociedad que ven su situación desmejorada o sus aspiraciones bloqueadas, cuando la desconfianza aumenta por los abusos y corrupciones de los elegidos y se concentra la riqueza.

Los ciudadanos no son siempre personas de principios sólidos y convicciones profundas. No piensan a cada rato qué es lo mejor para todos, la mayoría de las veces sus universos se limitan al bienestar de sus familias y cercanos. Es natural, entonces, que tiendan a apreciar la democracia cuando hay progreso y esperanza en aquello que los concierne. Sin embargo, cuando las cosas andan mal y se sienten desconsiderados, perjudicados materialmente o adquiere espacio la desilusión, puede sobrevenir la tentación autoritaria de un salvador que clausure la política, los cubra de halagos y empatice con sus demandas y frustraciones. Poco importa si lo hace desde la retórica de izquierda o de derecha. Cuando ello sucede, la democracia puede extraviarse en la neblina.

En Chile las cosas han desmejorado enormemente y ello se expresa en la decadencia de nuestro sistema democrático, en la lógica con la que actúan los representantes políticos de gobierno y oposición, en la desaparición de la proyección de un largo plazo y su reemplazo por el cálculo inmediatista.

Eso refuerza la necesidad de un proceso constituyente que marque una diferencia con la deriva peligrosa que vivimos en el día a día.

En el debate constitucional y en el texto que de ese debate resulte, puede estar la diferencia de cómo será nuestro futuro y la perdurabilidad y reforzamiento de nuestra convivencia democrática.

Como hemos dicho, la democracia no pertenece al reino de lo perfecto, como tampoco pertenecen a ese reino los sistemas electorales. Los elegidos en democracia no son los mejores, son los que arrastran más votos. Los partidos políticos tendrán en esta elección un poder demasiado extendido y tenderán a elegir más sobre la base de las lealtades que de las capacidades, aunque puede que en algunos casos existan coincidencias virtuosas. Habrá entre los elegidos de todo un poco: majaretas, chiflados, fanáticos, zopencos y gente capaz, con juicio autónomo y demócratas convencidos.

Creo que si se elige un número de demócratas convencidos con espíritu pluralista –sean de izquierda, de centro o de derecha– capaces de influir en la convención para obtener un texto lo más concordado posible en el cual quepamos todos y que refuerce la libertad, la igualdad y la dignidad común, la democracia chilena podrá transitar de la neblina a una mayor claridad.

Enero 2021
Modestas esperanzas

Al contrario de la genial novela de Charles Dickens, "Grandes esperanzas", en la que Pip, su protagonista, debe finalmente aceptar morigerar sus aspiraciones y al hacerlo descubrir que ambiciones aparentemente menos brillantes tienen también un valor no despreciable en la vida, mis esperanzas para este año son de partida modestas, como las que descubre Pip al final.

No podemos pensar que el terrible año que acaba de quedar atrás, marcado por la epidemia, por terribles retrocesos económicos y sociales, por tanto dolor y tan pocas alegrías, por tantas malas noticias y tan pocas buenas nuevas, con la vuelta de hoja del calendario se transformará mágicamente de un horrendo sapo en un gallardo príncipe como sucede en los cuentos de hadas.

Mejorar lentamente, regresar a la vida que llevábamos antes de la pandemia será un proceso pausado y esforzado, sobre todo porque antes de la pandemia no estábamos en *jauja*.

Solo refiriéndonos a nuestro país antes de la pandemia, estábamos con una economía lenta y despistada de las demandas de la gente, con una fractura social exacerbada por actos violentos e irracionales, con altos niveles de desconfianza, con un gobierno desvalorizado, una oposición fragmentada y sin brújula e instituciones venidas a menos.

Cuando llegó el virus, ya estábamos mal. Solo el patrimonio de gobernanza acumulada durante los decenios que reemplazaron la dictadura le ha permitido enfrentar al país –con errores y retardos por cierto, pero también con recursos–, la pandemia y evitar males y dolores peores.

Tal como nuestro sistema sanitario resultó mejor de lo que creíamos, nuestra estructura económica y social, con todas las inequidades que aún conserva, no se vino abajo como un castillo de naipes. Pese a sus dificultades ha resistido y debería resistir, en los próximos meses, tiempos nefastos.

No existe un equilibrio óptimo entre el cuidado sanitario y la recuperación económica. Hay países en otras latitudes que parecen haberlo logrado a través de medidas autoritarias impracticables en un sistema democrático. Otros, a través de un nivel de cohesión social y disciplina social encomiables, pero son muy pocos.

El mundo entero vivió una nueva ola de infecciones del virus apenas la disciplina social se relajó. Al poco tiempo se pagó un precio terrible.

América Latina podría terminar siendo la región con mayor retroceso en este escenario. Gobiernos de *pacotilla*, oposiciones irresponsables, instituciones democráticas debilitadas o anuladas, corrupción y criminalidad en aumento, han dejado poco de los avances del decenio pasado.

La esperanza sanitaria hoy se llama vacuna, contra la opinión de negacionistas y médicos brujos, la investigación científica, en un esfuerzo enorme, ha producido vacunas sólidas que podrían cambiar la situación. El gobierno chileno parece haber sido previsor en este terreno y las vacunas, de acuerdo a lo señalado por las autoridades, están aseguradas para toda la población.

Será necesario un esfuerzo considerable para que el proceso de vacunación se lleve a cabo con prioridades específicas y un gran espíritu de colaboración, para que cambie el rostro del país, para que ciudades tan golpeadas como Valparaíso no caigan aún más en el marasmo de la penuria.

La pregunta es ¿qué Chile veremos en 2021?

Por más esfuerzos que se hagan, por más compresión que tengamos de la sed de afectos, consumo y encuentros sociales, si se sigue repitiendo en verano el espectáculo de masas de personas transpiradas, en bermudas, con las mascarillas debajo de la nariz, apelotonadas en torno a tiendas, ferias, playas y malls, generando más aglomeración que en tiempos normales, la recuperación será más larga y penosa.

Resulta curioso al respecto cómo nuestros conciudadanos fingen demencia cuando los reporteros televisivos interrogan con aguda inventiva a peatones y conductores: "¿No le parece que anda mucha gente por la calle?", la respuesta suele ser: "Sí, la gente es muy irresponsable, es el colmo que no se cuiden", como si ellos mismos fueran apariciones incorpóreas.

La recuperación económica será más larga aún si el gobierno no realiza un esfuerzo en impulsar acciones que generen trabajos formales y protegidos sanitariamente.

Un gobierno mal querido como el actual debe olvidar su ego y su excesiva presencia comunicacional y trabajar de la misma manera como parece haber asegurado las vacunas, sin ruido y con eficacia. Si lo hace, no creo que termine siendo muy popular, pero ganará en respeto.

Tenemos una triste oposición, donde la popularidad se busca en el halago de la gente. No es de extrañar que personajes de la farándula, de alto colorido, de tonos viperinos, estruendosos o que sueñan con la aventura política pretendan reemplazar la construcción seria del futuro por un carnaval en el presente.

Así como agua necesita el sediento en el desierto necesitamos de todos los políticos otra actitud.

Las esperanzas en Chile para un mejor 2021 se apoyan en dos aspectos básicos. Por una parte, un proceso de vacunación ordenado y consistente cuyos resultados generen un estado de ánimo positivo que permita una disciplina social capaz de enfrentar una eventual segunda ola sabiendo que hay una salida y no que estamos frente a un horror sin fin. Por otro lado, necesitamos reorganizar el funcionamiento democrático, que permita cambiar la Constitución, desterrando sin doble lenguaje la violencia y aislando a sus promotores. La democracia solo funciona sobre la base de la adversariedad y los acuerdos pacíficamente logrados.

Se trata hoy de poner en el centro el debate constitucional y lograr un texto que proteja las libertades individuales y los derechos sociales al mismo tiempo.

Como dice el pensador italiano Ezio Mauro, "un texto preparado por gente sobria que sirva cuando la sociedad se emborracha".

La vacuna será voluntaria, así debe ser en un régimen democrático. Sería importante, sin embargo, que aquellos que la rechazan por miedos, suposiciones y prejuicios, se informaran y conocieran el enorme cambio recorrido por la ciencia desde que el médico inglés Edward Jenner realizara la primera vacunación en 1796.

Él observó que la viruela de las vacas era mucho menos grave que la viruela humana e inyectó a un niño la viruela vacuna, lo que le permitió a este crear los anticuerpos necesarios para no contraer la viruela humana al inyectársela posteriormente.

Desde entonces, son millones de vidas que han sido salvadas gracias al mismo principio; la poliomielitis, el sarampión, la difteria, la rabia, la rubéola, el tétanos, la influenza, entre otras, algunas de las cuales se han erradicado.

Las actuales vacunas tienen un alto nivel de seguridad, han significado un salto inmenso en el avance de la biotecnología por lo que permiten esperar un futuro con menos tragedias.

Chile ha recorrido con éxito el camino de la vacunación para mejorar a través de los años la seguridad de sus habitantes. También ahora podrá resistir a las supersticiones que aún se mantienen en nuestra modernidad.

Febrero 2021
"Me gustas cuando callas"

El poeta le cantó al amor en el poema quince. "Me gustas cuando callas porque estás como ausente" Yo, en cambio, le canto a sus palabras y no le canto al amor, sino a la alegría de no tener que escuchar a Donald Trump todos los días, enterarme de cuál era su último improperio, cuál era el país agraviado, a quién expresaba con grosería su odio, a cuál excolaborador injuriaba después de expulsarlo de su entorno.

Pero no eran solamente sus palabras, eran también su figura amenazante, sus gestos de arrogancia y desprecio, sus muecas irritantes, su actitud de matón de poca monta acompañada de pretensiones estéticas fallidas y ridículas, su rostro de un color indefinible y diferenciado por segmentos, su construcción capilar de misteriosa configuración de un tinte desconocido y de una suspensión en el aire que desafiaba en permanencia la ley de gravedad.

Pido excusas por detenerme en sus insultos y en sus gestos, es porque respecto de las ideas no hay mucho que hablar. La sequía es enorme, se reduce a pensamientos simples, categóricos, autoritarios y patrioteros que dividían al mundo entre buenos que lo apoyaban y los malos que eran el resto. Todo ello dentro de su condición narcisista y de fuertes rasgos psicopáticos.

El problema es que esa persona estuvo durante cuatro años dirigiendo la que todavía hoy es la primera potencia mundial, la democracia moderna más antigua y durante todos esos años tuvo a su alcance un botón nuclear.

Cuando tuvo que enfrentar su reelección sucedió lo esperable. Rompiendo una regla mayor del procedimiento democrático, declaró que era imposible perder las elecciones y que si ello se producía sería solamente a través de un complot destinado a robarle su victoria y que no lo aceptaría.

Cuando las perdió no cambió su discurso, no se trataba de una bravuconada más, era una decisión que estaba dispuesto a imponer, a toda costa.

Así lo hizo, pidió recuentos, presionó a las autoridades electorales, chantajeó a los republicanos, usó a fondo la acción jurídica, pero nada le dio resultados. El sistema político y la institucionalidad judicial resistieron por la razón más simple: no había fraude alguno.

Llegado el momento del normalmente ritual refrendamiento del Congreso, Trump en su delirio, pasó a la acción a través de la subversión del cobarde: incitó a una turba de sus seguidores a ir al Capitolio a presionar a Mike Pence y esperó el resultado de su desaguisado en familia, en un salón de la Casa Blanca, esperando que su Vicepresidente declarara la guerra.

Todos fuimos testigos de lo que sucedió, una masa enardecida de gente convencida del robo electoral, entre quienes había policías de civil, jóvenes con prontuario de delitos menores, adultos obesos con más kilos que lecturas, nostálgicos del esclavismo, discípulos de Búfalo Bill, veteranos de guerra inadaptados en la vida civil, supremacistas raciales asociados para la violencia, asaltaron el Capitolio superando una resistencia policial blanda y sospechosa.

Destrozaron y destruyeron, hubo muertos y heridos; pudo haber sido mucho peor. En el Capitolio ya la democracia no estaba en la neblina, sino en la oscuridad total.

No faltó ni la bandera confederada ni la cabeza de búfalo con cuernos que no hablaba, rugía.

La decisión de continuar con los procedimientos fue importante. Las palabras de Biden fueron serenas y firmes.

Solo cuando se vio aislado, Trump calmó a regañadientes el juego,. No mostró un milímetro de grandeza. Inundado de hiel hasta el final, se fue profiriendo amenazas camino a Palm Beach.

¿Por qué repasar estos hechos semanas después de acontecidos?

La respuesta es clara, ellos constituyen un momento crucial que marca la urgencia de un giro indispensable para salir de esta fase triste de la historia de la humanidad.

Si subestimamos lo sucedido, si lo consideramos un evento más en el menú de noticias, quiere decir que no comprendemos hasta qué punto la democracia estuvo en peligro y cuán cerca estamos de una decadencia civilizatoria.

A la turba que asaltó el Capitolio hay que aplicarle el peso de la ley, nada más ni nada menos.

No se trata de un movimiento social, tampoco son almas extraviadas a quienes hay que perdonar un momento de confusión; son agentes de la violencia, de la destrucción civilizatoria, como también lo son *mutatis mutandi* los violentistas de Santiago de Chile, los destructores de bienes públicos como el Metro, iglesias, museos y comercios.

La democracia es incompatible con la violencia. La democracia se creó para que la convivencia política, más allá de la inevitable adversariedad, sea pacífica.

Pero la crisis de la vida democrática no se reduce a la violencia: son 74 millones de americanos los que votaron por Trump y la mitad de ellos está convencida de que a su candidato le robaron la elección, creen a pie juntillas en una mentira.

Cuando nos referimos a números tan amplios de personas, los perfiles que caracterizan al núcleo duro del trumpismo pierden su especificidad. Comenzamos a hablar de millones de ciudadanos comunes y corrientes que optaron por un discurso odioso.

Ellos no son la turba que asaltó el Capitolio, probablemente no lo harían, pero votaron por Trump porque tienen la percepción de que no están bien, que el mundo actual no los acoge, que han perdido estatus y reconocimiento social, que son otros los que están ganando con la globalización y que sus oportunidades se les restringen así como también se les restringirán a sus hijos.

En Estados Unidos los partidarios de Trump no las emprenden contra la concentración de la riqueza, se ponen detrás de un millonario más bien inescrupuloso que les dice lo que quieren escuchar. Las emprenden contra el "sistema", el resto del mundo, los afrodescendientes y los latinos. Son percepciones que llevan necesariamente al autoritarismo.

La tarea del gobierno de Biden será enorme. Derrotar la epidemia, recomponer el rol internacional de su país, fortalecer el multilateralismo, pero sobre todo recuperar para la democracia a millones de norteamericanos así como restablecer la convivencia civilizada, detribalizar la sociedad civil, reponer los derechos sociales jibarizados, volver a una convivencia democrática y desmontar las nostalgias racistas y nacionalistas, para no dejar espacio a una nueva aventura populista en el futuro.

Todo ello no nos es ajeno, tiene que ver con el destino de las democracias en un mundo donde las tendencias autoritarias tienden a reforzarse.

Esto se produce cuando Chile debe recuperar su cohesión social, fortalecer su democracia, derrotar la violencia y darse reglas constitucionales que nos incluyan a todos en un escenario económico difícil y en tiempos de pandemia.

No será fácil recorrer este camino. Habrá que ser, a la vez, esforzados y realistas para recuperar una normalidad superior a la que perdimos, más eficiente, más democrática y más igualitaria.

Marzo 2021
Elogio de la serenidad

La palabra serenidad proviene del vocablo latino *serenitas* y se refiere a una virtud personal que consiste en desarrollar en la vida un espíritu ecuánime y templado, capaz de enfrentar dificultades y peligros sin caer en un estado de zozobra, temor, furia o nerviosismo y controlar impulsos y emociones paralizantes o negativos, posibilitando así tomar las mejores decisiones posibles en situaciones de riesgo.

A través de la historia el concepto de serenidad ha tendido a ampliarse como una virtud social, extendiéndose a caracterizar el comportamiento de una sociedad que frente a problemas y obstáculos comunes le permite supeditar las pasiones y los miedos para encontrar soluciones compartidas, aceptables y racionales, consensuando acuerdos orientados a resolver las diferencias del colectivo humano de manera pacífica y sensata.

Las democracias maduras, capaces de generar consensos básicos para la convivencia social, tienden a ser, en su gran mayoría, democracias serenas.

Muchas veces se confunde el concepto de serenidad con el de inmovilismo, conservadurismo o aversión a los cambios sociales.

Ello, sin embargo, no es así. El inmovilismo puede, muchas veces, coincidir con sociedades turbulentas, polarizadas y violentas en las que retóricas encendidas no conducen a transformaciones sociales profundas y sustentables a la vez, sino a equilibrios políticos precarios e inestables, cuando no a conflictos sangrientos.

Por el contrario, si observamos aquellos países que aparecen como los más exitosos en prosperidad, vigencia de las libertades democráticas, niveles de igualdad, en los que la pobreza ha sido reducida al mínimo e imperan altos niveles de entendimiento en la convivencia social, descubriremos que siempre corresponden a democracias maduras y serenas.

Es el caso de los países nórdicos y de países como Suiza y en cierta medida Japón y otros de Europa continental y Oceanía, particularmente Nueva Zelandia.

Cuando se hace este señalamiento factual, aquellos espíritus encendidos que confunden la serenidad con falta de ardor por los cambios sociales que prefieren que ellos se hagan de manera rupturista, ruda y peleona, pues detestan el gradualismo reformador, suelen pontificar acerca del papel jugado por la violencia en las transformaciones históricas y recurren de manera abierta o subrepticia a nuestro buen Carlos Marx, quien caracterizó la violencia en el siglo XIX como la "partera de la historia".

Argumentan también que las democracias serenas son excepcionales. Que son serenas porque florecen en países ricos, igualitarios y homogéneos, y que eso no está al alcance de países con menor desarrollo y con gran complejidad étnica y cultural, alegando en ocasiones, con una cierta ironía no exenta de racismo, que son experiencias solo practicables en países "fríos y rubios".

Sin embargo, ninguno de esos argumentos resultan convincentes.

Respecto del primero, es cierto que la violencia ha jugado y sigue jugando un rol enorme en la historia de la humanidad.

Es más, antes de la existencia de la democracia moderna era casi la única forma de expresión de la política, con la excepción breve de la democracia antigua y el largo recorrido secular de las ideas de tolerancia y el iluminismo que fueron introduciendo lentamente las bases de la democracia, atravesando, claro está, un entorno de extrema violencia, guerras civiles y guerras mundiales.

Pero precisamente en eso consiste la acumulación civilizatoria de la humanidad, pues si bien siempre la fuerza será una *última ratio*, la aspiración es que su uso se limite al máximo en favor de la convivencia deliberativa y pacífica.

En relación al segundo argumento, se puede afirmar que es falaz. Los países que hemos señalado no siempre fueron ricos, varios de ellos fueron, por el contrario, muy pobres, como Suecia y Finlandia. Tampoco fueron siempre democráticos, igualitarios y pacíficos. Japón concluyó la Segunda Guerra Mundial destruido y ocupado. Algunos de ellos se componen de pueblos muy diversos, con lenguas, costumbres y religiones diferentes. Es el caso de Suiza, sin ir más lejos.

La serenidad no es solo el fruto del éxito de estos países, ha sido principalmente el método utilizado para construir ese éxito.

Son sociedades que construyeron su presente a través de cambios graduales y pacíficos, que eligieron la reforma por sobre la revolución, la paciencia y el esfuerzo por sobre la irritación y la furia, el diálogo por sobre el insulto y la descalificación, que excluyeron radicalmente la violencia como forma aceptable de relacionarse y de avanzar hacia el progreso.

Los países pueden degradarse o mejorar a través de la buena o mala calidad de la política y de la capacidad o incapacidad de sus líderes.

No cabe duda de que Trump degradó la madurez de la democracia y el nivel de serenidad de Estados Unidos, nivel que siempre ha sido difícil de lograr. Líderes como Angela Merkel, por el contrario, han hecho mucho por Alemania, país que –como bien sabemos– ha tenido episodios terribles en la historia contemporánea.

Si miramos países y regiones enteros donde predominaron la insurrección y la violencia, nos encontramos con muchas realidades destruidas, subyugadas a dictaduras o divididas por polarizaciones extremas y peligrosas.

Chile, después de una larga dictadura a la que derrotó por medios pacíficos, logró avanzar muchos años de una manera gradual y serena, produciendo progreso y cambios sociales. Claro, no logró todo lo que se necesitaba, también se cometieron errores y excesos de prudencia, pero fue un período de muchos avances y generador de un estilo de proceder que todavía perdura y se refleja incluso hoy en la atmósfera que rodea el actual proceso de vacunación contra el Covid-19.

Sin embargo, en cierto momento ese impulso se perdió y fue reemplazado por un malestar ideologizado y por la incapacidad de quienes dirigían de defender su propia obra.

Se debilitaron las instituciones y se ampliaron los abusos. Surgió una protesta legítima, pero también una violencia delictual que atacó bienes públicos, como el Metro de Santiago, y destruyó partes irreemplazables de Valparaíso; La Araucanía quedó sin rumbo en medio de la violencia.

Las voces contra estos actos han sido, sin embargo, débiles y en ocasiones más bien complacientes en muchos sectores de la población.

Si esta situación continúa, la decadencia de Chile será inevitable. Debemos recuperar la serenidad perdida. Se requiere un cambio de rumbo capaz de impulsar las transformaciones necesarias de manera democrática.

El paso inmediato es elegir una Convención Constituyente sensata y reformadora, para que su trabajo fortalezca la vida democrática y contribuya a un progreso más justo e inclusivo.

Abril 2021
¿Dónde están las águilas?

Prácticamente todos los organismos que miden la situación socioeconómica, ya sea aquellos de Naciones Unidas, académicos y de organizaciones privadas, coinciden en que América Latina es la región más afectada por el Covid-19 en el mundo.

Según la Cepal, el PIB de América Latina cayó en un año 7,7%, y pese a que la región solo tiene el 8,4% de la población mundial, ha registrado 27,8% de las muertes en el mundo a causa de la pandemia.

La pobreza, en particular la pobreza extrema, ha aumentado de manera importante. Lo avanzado en la disminución de la pobreza ha retrocedido 12 años mientras que en el caso de la pobreza extrema ha sido 20 años. Se han cerrado 2,7 millones de empresas; ha aumentado la desocupación y los empleos informales ocupan un lugar mayor entre quienes trabajan; el hacinamiento alcanza el 55% de los hogares urbanos, por lo que, digámoslo de una vez, los latinoamericanos atravesamos una situación catastrófica.

Es cierto que veníamos mal desde antes. Ya en 2014 la disminución de las desigualdades se había estancado, la pobreza había comenzado a crecer lentamente, sobre todo la pobreza extrema, y la precariedad de quienes habían salido de la pobreza en el virtuoso decenio anterior estaba generando una vulnerabilidad creciente en un amplio sector de la población que percibía como una posibilidad real regresar a su situación pasada, con toda la desazón y la rabia que ello provoca.

Este cuadro naturalmente condujo a un debilitamiento grave de los avances democráticos que habían experimentado los sistemas políticos de la región, aumentando la desconfianza y la desesperanza en buena parte de la ciudadanía, lo que provocó cambios bruscos en el estado de ánimo social e impulsando en la opinión pública una tendencia a simpatizar con discursos simplificadores y populistas, ya sea de izquierda o de derecha.

Esta situación es difícilmente atribuible al fracaso de un solo estilo de gobierno o de un modelo de desarrollo.

Las cosas anduvieron mal para todos, si bien la ortodoxia económica impidió en muchos países un esfuerzo distributivo más audaz, el país que más ha empeorado, por lejos, ha sido Venezuela, cuyo régimen económico nadie puede calificar como adicto al neoliberalismo.

Afortunadamente, el decenio 2004-2014, de fuerte crecimiento gracias al alto precio de las materias primas, permitió a la mayoría de los países realizar en tiempos de pandemia un considerable esfuerzo de protección social, sin el cual las cosas estarían todavía peor.

Sin embargo, incluso así, las tres grandes economías de la región están en una situación económica, social y sanitaria muy comprometida y sus líderes tienden a equivocarse continuamente. El primero por bruto, el otro por raro y el tercero por inconsistente.

Le costará mucho a la región levantar cabeza.

Chile no escapa a gran parte de las tendencias del continente, pero aun cuando los chilenos tenemos la percepción de que hemos descendido a los avernos, nuestra caída, al igual que Uruguay, ha sido menos profunda que el resto de los países de la región.

Esto es así gracias al patrimonio económicoinstitucional de políticas públicas, en su mayoría eficaces, que se acumularon durante años de democracia y de tránsito a un liberalismo con elementos de inclusividad social cuya existencia adquiere toda su importancia precisamente cuando las cosas se ponen malas.

Sería un grave error, sin embargo, sacar cuentas alegres porque no estamos bien. No solo por el duro período que atravesamos en la pandemia desde el punto de vista sanitario, sino porque su efecto económico y social es dramático. Baste considerar el crecimiento exponencial de los campamentos que nos muestra una reversión inaceptable en la situación de pobreza extrema.

Si bien el proceso de vacunación ha sido exitoso y será la base indispensable de la recuperación posterior, la magnitud de contagios no cede, y su prolongación provoca una erosión en los niveles de cohesión social que es un factor decisivo para alcanzar una normalidad capaz de impulsar los cambios necesarios para los desafíos futuros. Su ausencia nos puede instalar en una inestable mediocridad por años.

El problema central para evitar la decadencia del país está, hoy por hoy, en superar la actual delicuescencia de la política, en recuperar la capacidad de crear escenarios de debates y acuerdos para impedir la declinación de las instituciones. Sin ello será imposible evitar que se reproduzcan cada vez más espacios de criminalidad y de violencia, mayor fragmentación territorial y ausencia de mínimos de convivencia que permitan el fortalecimiento y el perfeccionamiento de la democracia.

Estamos en un año electoral que podrá sancionar esta decadencia o dar un giro de timón positivo. Pero no es solo un año electoral, es sobre todo un año constituyente que debería sentar bases prolongadas de una mejor convivencia.

Por ello, resulta preocupante el bajo nivel del debate político que estamos presenciando.

Con la excepción de un cierto número de candidatos que en su mayor parte postulan a ser elegidos a la Convención Constitucional, existe un número demasiado grande de quienes postulan a diversos cargos de poder, desde concejales hasta la Presidencia de la República, que carecen de una mirada de largo plazo y de una sólida idea de país.

Sus palabras abundan en generalidades y retóricas vacías repetidas hasta la saciedad. Se solazan en disputas, sarcasmos y hasta descalificaciones entre ellos, tratan de capturar apoyos con pocas convicciones y mucha desenvoltura.

Esta actitud es transversal, no tiene color político, cambian las explicaciones y los niveles de liviandad, pero no las acciones. Dicen y se desdicen sin problemas. Parecería que en el fondo, para muchos de ellos, lo importante no es construir un país vigoroso y justo, sino solo asegurar su elección a como dé lugar.

Cuando más se necesita levantar el vuelo y escudriñar el horizonte, lo que resuena en nuestros oídos es el cacareo incesante de las aves de corral, compitiendo por un grano de maíz. No se ven águilas que le den altura al debate.

La metáfora plumífera tiene una antigua y curiosa procedencia, la usó Lenin para honrar la inteligencia de Rosa Luxemburgo, asesinada durante la República de Weimar por los Freikorps, antecesores de las escuadras nazis.

Este, en un desacostumbrado acto de reconocimiento político e intelectual, pues Rosa lo criticó mucho en nombre de la libertad, señaló una frase de una vieja fábula rusa: "A veces las águilas descienden y vuelan entre las aves de corral, pero las aves de corral jamás se remontarán a las nubes".

Volviendo a nuestro Chile, para superar los problemas de la conducción democrática del país se requiere volar alto y avizorar nuevos horizontes. Ello hace indispensable que el escenario de la política no sea copado solo por las aves de corral, sino que crezca el espacio desde el cual algunas águilas levanten la mirada.

Mayo 2021
La razón desdeñada

Es cierto que atravesamos tiempos difíciles, agravados por una pandemia prolongada que ha reducido nuestros espacios y movimientos, ha desmejorado vidas y para muchos ha significado ruina, dolor y muerte. El futuro se percibe con más incertidumbre, son tiempos para "diezmar los rebaños, confundir las lenguas y dispersar las tribus", como nos dice Alejo Carpentier en *El siglo de las luces*.

Bien sabemos que el desarrollo histórico no sigue un curso de progreso lineal y permanente, es veleidoso y cambiante. Períodos de avance, siempre imperfectos por supuesto, como los que tuvimos en Chile hace una docena de años, son seguidos por períodos decadentes como los que vivimos hoy.

Estamos en tiempos de estancamiento en el desarrollo, de crispación en las emociones y de exacerbamiento en las palabras.

La decadencia comenzó lentamente, los pasos del progreso se hicieron cansinos y las relaciones sociales se volvieron ásperas. Quienes habían abandonado la pobreza no pudieron consolidarse como clases medias y acumularon aspiraciones truncadas; el bienestar alcanzado fue menor y más frágil de lo que habían imaginado, ello se transformó en furor.

Las protestas sociales crecieron y se radicalizaron, el ejercicio de la política se transformó en un eco de la algazara de la calle o en un reflejo de los miedos de los *beaux quartiers* y la desconfianza creció al ritmo de los escándalos públicos de instituciones, empresas e iglesias.

Quedó así servida la mesa para la extensión de la antipolítica, el desdén por el debate razonable y reflexivo para perfeccionar la democracia, conjugando mayores niveles de igualdad y libertad a la vez.

Se impusieron el enojo, la estigmatización de los acuerdos y de las negociaciones, el trazo grueso, la descalificación del adversario, la lógica confrontacional cuando no bélica, las verdades absolutas y la concepción simplista propia del populismo contemporáneo que opone sin matices ni distinciones la idea de un pueblo virtuoso pero abusado y las élites o castas siempre malvadas y abusadoras.

Todo ello cristalizó el 18 de octubre de 2019 en un estallido surgido en parte de una espontaneidad multitudinaria disconforme y, en parte, por una acción de violencia extrema, de destrucción urbana protagonizada por grupos extremistas, turbas oportunistas y un mundo oscuro de barras bravas ligadas a la delincuencia y el narcotráfico.

Desde entonces el único camino encontrado para recuperar una convivencia civilizada y más democrática para el futuro reside en el éxito del proceso constitucional que permita legitimar un acuerdo básico para construir un fundamento ideal común y canales acordados para resolver diferencias y conflictos que nos permita vivir juntos y pacíficamente.

Sin embargo, ese camino está hoy en graves dificultades por una conjunción perversa de un gobierno errático y solitario y una oposición carente de virtudes republicanas donde prevalecen los oportunismos particularistas y los ánimos rosqueros.

El Presidente de la República no está haciendo un buen gobierno, eso es evidente, pero no ha incumplido las reglas democráticas, no ha abandonado sus funciones, incluso ha acertado en algunas tareas.

Chile está realizando un proceso de vacunación apreciado internacionalmente y es uno de los países latinoamericanos que más ayuda ha entregado a quienes han sufrido económicamente los embates de la pandemia. Es cierto que podría haber hecho más y mejor, pero convengamos que siempre es difícil colmar el forado material que deja en millones de personas una catástrofe.

No es verdad que Chile se está cayendo a pedazos, más allá de sus múltiples problemas, algunos inevitables, otros evitables con una mejor acción pública.

Una parte de ello se debe a la solidez del país acumulada por años. Eso es lo que da vida a la esperanza de una recuperación económica y social que será lenta y escarpada, pero para ello el país requiere recuperar su ethos político y lograr el retorno de la razón por sobre la algarabía populista.

No será sencillo. Estamos en un año clave que enfrentamos con un gobierno cuya fuerza política está gravemente jibarizada, que no cuenta ni con su propia coalición política, asustada de que la impopularidad y la torpeza del gobierno contamine su futuro.

Es un gobierno puramente reactivo que, en consecuencia, siempre actúa a destiempo, carece de algo fundamental en política: el *timing* como lo llaman los anglófonos, la *tempistica* como dicen los italianos, que nos enseña que cuando se actúa a deshora la acción realizada pierde toda significación política positiva.

El Presidente podría comprender que debe olvidarse de su comprensible aspiración de gloria o de pensar en una jugada providencial que lo haga popular y bienamado. Eso ya no pasó. Hoy se trata de que concluya su mandato con discreción y prudencia, cuidando sobre todo la continuidad institucional y ayudando a través de su quehacer a una democracia en apuros.

Tampoco será sencillo que el actuar de la oposición cambie, se haga más responsable y deje de plantear amenazas acusatorias que le permitan reemplazar su falta de ideas y sus propias confusiones, mostrando los dientes con irresponsable ferocidad. Como bien dijo Albert Camus, corrigiendo a Maquiavelo: "En política son los medios los que deben justificar el fin".

Desgraciadamente, en la política chilena actual el sentido de Estado es patrimonio de muy pocos, el espacio del juicio y la madurez es casi inubicable. Es difícil escuchar voces que se dirijan a los ciudadanos como si hablaran con adultos, que describan con honestidad intelectual lo que es realizable de aquello que no lo es sin hacer daño al país, que subrayen que los resultados se logran extendiendo derechos, pero también enfrentando deberes.

Lograr una sociedad justa requiere sin dudas impuestos progresivos que aumenten la contribución de los que más tienen a morigerar las desigualdades, pero también un esfuerzo colectivo, niveles de conflicto menores y niveles de acuerdos más altos.

Solo cuando eso se haya producido Chile habrá avanzado.

Clausuremos este tiempo de bufones, de lanzar propuestas como fuegos artificiales, cuyos costos ni siquiera se conocen, donde el único cálculo efectuado ha sido el de halagar a los votantes.

Si no se produce un reforzamiento de propuestas más sensatas en política, de conductas ecuánimes e ideas serias para avanzar hacia un futuro deseable, no ocurrirá un derrumbe de golpe, pero todo se desmembrará de a poco. Nos acostumbraremos a una democracia inestable y mediocre, donde los zafios, los malandrines, los fanáticos y los simplones ocuparán casi todo el escenario, agitando no se sabe qué bandera.

Quizás a esas alturas, en verdad, dará lo mismo.

Junio 2021
Después de la tormenta

Transcurridas ya tres semanas de las mega elecciones de mediados de mayo, quizás es posible una reflexión más serena sobre el cuadro político que se ha conformado a raíz de sus resultados.

Fue una de esas elecciones raras en el tiempo, probablemente casi irrepetibles, en las cuales se decidían cosas muy diversas, algunas rutinarias como las elecciones municipales, otras primerizas como la de gobernadores en cuya segunda vuelta se pondrían ahondar las novedades, y otras muy importantes para el largo plazo, como la de convencionales constituyentes.

En cada una de ella los resultados fueron diferentes. Las municipales y las de gobernadores mostraron un avance de la izquierda radical y un retroceso de la derecha y de la centro izquierda que no tuvo un carácter dramático respecto a la correlación de fuerzas preexistente, llamando más bien la atención algunos resultados por su valor simbólico.

El dramatismo se concentró en la elección sustantivamente más importante, la de convencionales.

Allí el resultado ofreció un cambio de grandes proporciones, cuya posibilidad se sentía de alguna manera en el aire, pero cuya desmesura sorprendió a todos.

La centroderecha pagó su conservadurismo cerril frente a la cuestión constitucional, del cual hizo gala durante décadas y frente a la cual la apertura reciente de sus sectores más liberales no tuvo la credibilidad suficiente en el electorado como para generar un contrapeso y evitar un descalabro.

También pagó la mediocre conducción del actual gobierno y la infausta animadversión ciudadana que produce el accionar siempre excesivo del Presidente de la República.

La centroizquierda pagó su largo declive, su incapacidad de defender su propia obra y su memoria, sus continuas rencillas, su tendencia a centrar su energía en batallas internas, su pobreza argumental frente a la crítica inmisericorde de populistas y rupturistas. También, su ansiedad pusilánime en repetir ideas de la izquierda radical dejando de lado su vocación reformadora y la construcción autónoma de propuestas de futuro.

Es así como desdibujó su propio perfil y abandonó un proyecto compartido. Aquello que fue una exitosa alianza política se transformó en un matrimonio de conveniencia con más tirria que amor. Una parte comenzó a buscar su objeto de deseo en otros balcones.

Con una centroizquierda tan venida a menos, la izquierda radical, pese a haber heredado no pocos rasgos negativos del mundo político más tradicional, avanzó encarnando la voluntad de cambios que se venían manifestando en sectores crecientes de la sociedad chilena.

Pero la que dio el batatazo fue la Lista del Pueblo, quienes trabajaron con inteligencia un resultado fructífero, aprovechando el espíritu crítico reinante hacia los partidos políticos. Ellos constituyen un grupo sin otra historia que el 18 de octubre, de composición heterogénea, lejano a las instituciones democráticas, compuesto por personas más o menos jóvenes, en su mayoría profesionales, hijos del *boom* universitario, activistas temáticos y sin doctrina política que los una, pero que rehúsan –al menos por ahora– a todos los partidos casi por igual. Para ellos el Frente Amplio y el Partido Comunista son parte de la "casta" o están muy cerca, a milímetros. Ello generó sorpresa e incertidumbre, también análisis apurados, algunos afiebrados, que parecían escritos en la puerta del Palacio de Invierno.

No faltaron quienes dieron por clausurado por enésima vez el ciclo neoliberal, término que hace rato dejó de significar una doctrina de extrema derecha, que caracteriza a un tipo de capitalismo, para transformarse en un concepto casi metafísico que engloba todo aquello que no es "pueblo", de acuerdo a la razón populista.

Pero aquello no es la primera vez que sucede y no será la última. Alexis de Tocqueville señalaba con razón que "Una idea falsa, pero clara y precisa, tendrá siempre mayor poder en el mundo que una idea verdadera y compleja".

Sin embargo, las cosas no suelen ser definitivas, al menos en democracia. Recordemos que hace menos de cuatro años Piñera ganó con el 55% de los votos. La democracia posee esa gran virtud, que el que gana no lo gana todo y el que pierde no lo hace para siempre.

En la sociedad de la información, por lo demás, el voto ha resultado ser mucho más volátil e infiel que en la sociedad industrial donde se generaban fidelidades políticas de largo plazo como expresión de intereses e identidades de las distintas clases y categorías sociales.

Hoy, en una sociedad más singularizada y fragmentada las posiciones políticas son más variables y en su conformación suelen prevalecer estados de ánimo y factores emotivos.

Por lo tanto, como suele suceder a menudo en la historia de las naciones, la arquitectura del futuro está abierta, la incertidumbre vale para todos los sectores políticos y sociales.

El cuadro actual que a algunos asusta como el infierno y a otros complace como el paraíso puede encauzarse mañana a través de caminos intermedios, de compromisos que produzcan los cambios indispensables con sensatez y apoyo mayoritario.

Es verdad que Chile, aun cuando conserva indicadores muy buenos en el contexto latinoamericano, lleva al menos diez años de lenta declinación y pérdida de su fuerza propulsiva que ha generado desilusión en sectores que, aunque avanzaron mucho no terminaron de llegar a la tierra prometida.

Se han generado dos tipos de verdades, la verdad estadística donde las cifras muestran que los gobiernos claves de la transición democrática lo hicieron razonablemente bien, y la verdad perceptiva y singular, donde las mismas personas que han avanzado, muchas de ellas abandonando situaciones de pobreza, sienten que sus problemas los agobian, piensan que sus viviendas son insuficientes, la educación de sus hijos es mediocre, su endeudamiento excesivo, sus ingresos son bajos así como bajas son también sus pensiones. Sienten que no les toca lo que les debiera tocar, y que tampoco los tratan como los deberían tratar. Encuentran que su pasar es demasiado duro y precario.

La respuesta, sin embargo, no pasa por la destitución social, por el enfrentamiento, la polarización, las amenazas, la violencia y las negativas a buscar acuerdos. Por el contrario, requiere un fuerte esfuerzo por impulsar un empeño colectivo y transversal que abra paso a un proceso de mayor constitución social que permita multiplicar y amplificar la democracia representativa enmarcada en una Constitución que surja del diálogo, que proteja las libertades e impulse mayores niveles de igualdad.

Si no se adopta ese talante, no habrá recuperación posible, el país andará a tumbos y deberemos habituarnos a la decadencia y la mediocridad. La vida en Chile se irá poniendo cada vez más amarga y esa amargura alcanzará a todos.

El mundo está lleno de este tipo de retrocesos y la historia, de este tipo de fracasos.

Julio 2021
Elogio de los compromisos en política

Parafraseando libremente a Hegel resulta curioso cómo la historia juega en ocasiones con los seres humanos y los hace confundirse y hacer cosas que a ojos vista van contra sus intereses.

En Chile, sin ir más lejos, en estos tiempos difíciles y ríspidos resulta evidente la necesidad de lograr acuerdos políticos, pues los desafíos sanitarios y económicos requieren una amplia colaboración entre todos para superar la catástrofe, la angustia económica e incluso la muerte.

Llevamos un año y medio de una pandemia global que cuando al fin parece poder ser domada por la ciencia, vuelve a rebrotar cambiando de piel, para resurgir más agresiva en momentos en que estamos cansados, "fatigados de pandemia" como dicen los expertos y, en consecuencia, enojados con el mundo y con lo más a mano que tenemos: el gobierno.

En verdad, este como todos, ha cometido errores y aciertos frente al peligro desconocido del bicho que no descansa en atacar a ciegas. Incluso, aquellos gobiernos que mejor lo han hecho, están hoy en condiciones inciertas. La malvada variable Delta los está mandando al rincón, de vuelta a la mascarilla.

Habrá que buscar nuevas estrategias, pero cualquiera de ellas será mucho más efectiva si se realiza en un país cuya convivencia sea apacible, que genere una razonable serenidad y optimice la búsqueda de equilibrios que ayuden a prevalecer sobre la pandemia y minimizar sus efectos nocivos sobre el trabajo, la educación y el desbarajuste económico, para poder, una vez amainado el temporal, volver cuando sea posible en mejores condiciones a una cierta normalidad.

Desgraciadamente, no es este el ánimo social y político que vemos hoy en nuestro país. En muchos aparece más bien acentuado el aspecto agresivo, la búsqueda de un culpable, sobre todo, en el que piensa diferente, la tendencia a despreciar lo que la democracia ha alcanzado en estos años post dictatoriales y, aún más, a despreciar la democracia *tout court* en una suerte de eterno retorno a tiempos de violencia física e intolerancia intelectual.

El espíritu virulento hace crecer la desconfianza, desaparecer el espíritu cívico y debilitar una actitud solidaria. Se desperfilan y pierden su capacidad el sistema político y las instituciones democráticas, que con todas sus fragilidades y límites han sido un factor fundamental para el progreso del país. Estas tienden a actuar de manera reactiva, respondiendo solo al día a día, olvidando completamente las necesidades de largo plazo lo que puede terminar delineando un futuro de mediocridad y decadencia.

Cuando la conducción política se empequeñece, se empequeñecen también las ideas y las propuestas; por otra parte, los oídos ciudadanos se vuelven sordos y solo predominan las emociones y los rencores.

En consecuencia, el debate político se transforma en un puro mercadeo fragmentado que compite en ofertones y halagos, en una subasta de sueños, que no proponen ni esfuerzo ni sacrificio y la irresponsabilidad y el ideologismo aparecen en todo su siniestro esplendor.

A menudo parecería que quienes escriben los programas ni siquiera los leen y que quienes lo presentan lo hacen con la beatitud de la más pura ignorancia. En este ámbito, Jadue lleva la guaripola. Él miente como respira, sin esfuerzo alguno.

Sin embargo, el enredo y la confusión abarcan todo el arco político, desde la extrema derecha nostálgica del orden autoritario hasta la extrema izquierda alérgica a las instituciones democráticas.

Quienes por años denostaron a la democracia reformadora que fue capaz de llevar a cabo cambios en forma gradual, no se pueden quejar, lograron su cometido, hoy esa visión está muy venida a menos incluso en sus propios partidos y le queda poco espacio y menos tiempo aún para retomar un lugar significativo en nuestra vida política.

El giro no es imposible y no tiene que ver con una vuelta a lo ya realizado, debería orientarse en el Chile de hoy a proponer nuevos cambios que tengan en común con los anteriores el respeto a las libertades y la búsqueda incesante de mayores niveles de igualdad. Pero para ello hay que perder todo complejo y sentir orgullo de representar el camino del diálogo, de la búsqueda de acuerdos, de ser promotores de compromisos viables.

Sentir que la ponderación no los convierte en bellacos asustadizos y que, por el contrario, es ese espíritu el que les permite avanzar de manera pluralista hacia una mejor democracia y que la mayor transparencia, indispensable en la sociedad de la información, no significa anular la mediación reflexiva que es lo propio de la política democrática.

Tal como es necesario desacreditar la barbarie violentista, es necesario hacerlo con la barbarie verbal y terminar con la socialización de expresiones que califican ciertas conductas como pecaminosas, tales como "decidir entre cuatro paredes". Por supuesto es necesario que quienes se reúnan para construir propuestas tengan respaldo popular y representen el bien común ¿Pero establecida su plena legitimidad, dónde pueden reunirse sino entre cuatro paredes? ¿En un picnic en la plaza, a campo traviesa?

Claro que quien lea estas líneas dirá que se trata de una metáfora, por supuesto lo es, pero se trata de una metáfora que no es inocente, porque lo que está pregonando al final del día es el cuestionamiento de la democracia representativa.

Recordemos que quienes han reemplazado, por lo menos hasta ahora, la democracia representativa y las instituciones liberales por regímenes soberanistas e iliberales, por la clase obrera convertida en clase universal, por la construcción populista, o la democracia popular, referendaria o plebiscitaria, como ilusión de democracia directa, han terminado, sin excepción alguna, construyendo regímenes autoritarios o dictaduras.

Peor aún es la metáfora de la "cocina política", que desprecia el lugar del hogar que ha estado en el centro de la evolución de la especie y del desarrollo civilizatorio. Lo ridículo es que quienes utilizan de manera inquisitorial estas acusaciones, que son repetidas con rostros contritos por la mayoría de los políticos para no ser condenados a los infiernos, deben necesariamente resolver, por lo menos en invierno, sus críticas y ambiciones, si no en la cocina por lo menos entre cuatro paredes.

¡Basta de bulos y *paparruchas*! Es necesario retornar a la sensatez, dialogar, debatir y construir acuerdos. La verdad en política no la tiene nadie en particular, tampoco aquellos que habiendo obtenido una votación *reguleque* pretenden encarnar una construcción social imaginaria a la que llaman pueblo.

Siguen siendo valederas las palabras del filósofo italiano Gianni Vattimo cuando dice: "No nos ponemos de acuerdo cuando encontramos la verdad, sino que hallamos la verdad cuando nos ponemos de acuerdo".

Agosto 2021
La inflación identitaria

Hace años se pensaba que el proceso de globalización nos llevaría a una sociedad de la información que debilitaría las diversidades y generaría una suerte de uniformidad global. Eso no ha sucedido, si bien se han extendido algunos rasgos comunes sobre todo en el campo del consumo, se han profundizado las tendencias identitarias en muchos terrenos.

Han crecido, en consecuencias, los reclamos de carácter étnico, de género, de orientación sexual, de culturas, de lenguaje, de nacionalismos reales o imaginarios, de creencias religiosas y de identidades sociopolíticas fruto de construcciones ideológicas como aquellas que dividen las sociedades entre pueblos y élites irreductiblemente adversarios. El conjunto de ellos muchas veces tiende a debilitar el viejo "nosotros" que garantizó la existencia del Estado-Nación.

Esta "inflación identitaria", este reclamo creciente de identidades particulares no debería ser necesariamente negativo. Podría, por el contrario, enriquecer un nuevo "nosotros" más completo, inclusivo y dialogante. Pero para hacerlo es indispensable que no se transformen en identidades cerradas que niegan la posibilidad del mestizaje, la mutua influencia entre diversas identidades disminuyendo así la riqueza del *mélange* entre etnias, géneros, religiones y lenguajes, que fruncen el ceño frente a la pertenencia múltiple y tienden a favorecer la adscripción a una sola identidad determinante que se vuelve dueña y señora de la conducta individual, imponiéndole una pertenencia excluyente a una sola forma de ser y a una lealtad obligatoria a una comunidad y a sus líderes.

El peligro de las identidades cerradas que muchas veces son fruto de una construcción más que de una tradición es el fanatismo, el espíritu guerrero que asumen frente a la heterogeneidad y la defensa obsesiva de su identidad negando al que consideran diferente.

Si la identidad se entiende entonces como algo ajeno a la evolución y al cambio, como algo estático, invariable, que exige una forma de convivencia exclusiva que acepta solo la repetición infinita de una singularidad exacerbada más pura que su propia historia y que se considera moralmente superior, que abjura de la diversidad en nombre de ella misma y construye comunidades sin ventanas ni aire fresco, su destino inevitable será relacionarse con los demás a través del enfrentamiento y, muchas veces, del enfrentamiento violento.

Esa idea de identidad resulta incompatible con el sistema democrático, con valores universales compartidos. Se convierte en una manía que de tanto afirmar sus raíces deja de lado los frutos y las plantas indispensables para la convivencia humana, interrumpiendo la acumulación civilizatoria.

La identidad abierta, por el contrario, es aquella que puede producir acumulación civilizatoria, que acepta y valora al otro, al diferente, en quien reconoce una humanidad compartida. La identidad abierta no se define por la adhesión a una sola identidad colectiva, determinante y definitiva, puede pertenecer libremente a varias. Ella reconoce la pertenencia múltiple del individuo.

Amartya Sen, premio Nobel, gran economista y pensador indio nos dice: "Existe una gran cantidad de categorías a las cuales pertenecemos simultáneamente. Yo puedo ser al mismo tiempo asiático, ciudadano de la India, bengalí con ancestros en Bangladesh, residente en los Estados Unidos y Gran Bretaña, economista, filósofo en mis ratos libres, escritor, conocedor del sánscrito, laico, heterosexual y defensor de los gays y lesbianas, con un estilo de vida no religiosa, de familia hinduista, no brahmán, que no cree en la vida después de la muerte y tampoco, en caso que quieran saberlo, en una vida antes de la vida".

Para que la identidad abierta predomine en nuestra convivencia se requiere una mirada no militante de la historia y comprender su complejidad. La historia de América Latina no es ajena, ni mucho menos, a la existencia desde el comienzo de la conquista ibérica e incluso de antes por parte de los grandes imperios indígenas, de dominaciones crueles, de negación del derrotado, de expropiaciones del hábitat, de una esclavitud larga y extendida en el tiempo y de una estructura económica que favoreció desde la Colonia altos niveles de desigualdad social que ha cruzado toda su existencia. Pero, al mismo tiempo, durante centenares de años fue creando en su caminar un tejido intercultural extremadamente compuesto y mestizo.

Ese tejido se ha ido conformando por las poblaciones originarias, los conquistadores ibéricos, los esclavos africanos, cuyos descendientes son hoy el más numeroso grupo étnico de la región después de la mayoría poblacional mestizada, numéricamente mayor que los pueblos originarios, como también por las migraciones europeas y de otras latitudes que llegaron hasta la primera mitad del siglo XX.

Nadie es "puro" en estas tierras mezcladas, como señalaba Germán Arciniegas. "Por más que nos creamos españoles, franceses, somos americanos, el continente nos imprime un aire, un acento una luz, un color..." A tal punto que en un censo realizado en Brasil la gente llegó a emplear 134 términos para describir el color de su piel y en la última constitución boliviana se reconocen 36 nacionalidades. Creo, eso sí, que a unos y otros se les fue la mano.

De toda esta complicación histórica surge un mestizaje potente, un valioso sincretismo cultural, un "nosotros", que por más que los partidarios de la identidad cerrada lo nieguen, está presente en la vida cotidiana. Y todo aquello también está presente en la historia de Chile, ella no es unívoca. Como el dios Jano, tiene siempre dos caras y ambas han modelado nuestro presente: una cara injusta y conflictiva, otra mestiza y compartida. Es un profundo error negar una de las caras, colocar la mirada en una parte y no en el conjunto, convertir la complejidad en una pura reyerta.

La historia más antigua y también la reciente, contiene a la vez injusticias, conflictos, integraciones y experiencia comunes festivas y solidarias. En eso consiste también, el mestizaje histórico.

El camino, sobre todo en tiempos de elaboración constituyente, no puede consistir en reparar cada injusticia del pasado si no de construir una justicia para el futuro a partir de la realidad actual.

Caminar mirando hacia atrás sería tan imposible como rehacer la carta geográfica mundial sin que el mundo explotara, tan absurdo como borrar el espíritu patriarcal de nuestros antepasados sacándolos de los libros de historia o de literatura, o juzgar a la Iglesia católica solo por la Inquisición, olvidando su defensa de los derechos humanos en tiempos oscuros. Ello es injusto además de ridículo. Las personas y las instituciones solo pueden ser apreciadas en el contexto histórico que les correspondió atravesar.

Se trata una vez más de dialogar sin condiciones, de buscar una universalidad en la que quepamos todos, se trata de ponernos de acuerdo para vivir juntos con nuestras identidades y pertenencias, sin dejar de construir un "nosotros".

Ese es el camino que nos puede llevar a una mejor democracia y a un país mejor, lo otro nos lleva a una fragmentación pendenciera, a una refriega sin salida.

Septiembre 2021
Algo va mal

Ese es el título del pequeño gran libro que escribió en 2010 el historiador británico Tony Judt, poco antes de morir, todavía joven y en plena producción.

Tras él quedaban obras notables como *Posguerra*, *Pensar el siglo XX*, *El refugio de la memoria* y *Pasado imperfecto*, entre otros libros admirables e imprescindibles para comprender el mundo contemporáneo.

Algo va mal lo escribió, tal como él lo señala, en "condiciones poco habituales", una forma muy británica para referirse a que lo hizo al borde de la muerte, aquejado de una esclerosis sin remedio. Sin embargo, no es un libro desesperanzado, es agudo, crítico, preocupado por los problemas sociales y políticos posteriores a la crisis de 2008 cuyo desarrollo y agravamiento perduran en buena parte hasta hoy.

Tony Judt fue un intelectual ligado por biografía y pensamiento a la socialdemocracia. Apoyaba reformas profundas destinadas a generar una sociedad democrática, respetuosa de las libertades individuales y más igualitaria.

Por ello, fue muy crítico del proceso desregulatorio que originó el crecimiento de las desigualdades a partir de los años ochenta del siglo pasado, que aumentó, en su opinión, de manera grotesca las brechas sociales y generó individualismos exacerbados en Europa. Criticó sin miramientos la incapacidad de la izquierda democrática para resistir esa tendencia y producir propuestas alternativas a esa deriva de las economías de mercado en sus países.

Empero, su crítica a los errores cometidos y la necesidad de renovar el pensamiento reformista para encontrar respuestas progresistas adecuadas a los desafíos que presenta la tardía modernidad del siglo XXI, no era para él sinónimo de abandono de los valores del pensamiento reformador.

Nos dice al respecto que "...los socialdemócratas suelen ser modestos una cualidad cuyas virtudes se han sobrevalorado. Tenemos que disculparnos un poco menos de los errores pasados y hablar con firmeza de los logros. Que éstos fueron incompletos no debería preocuparnos. Si no hemos aprendido otra cosa del siglo XX, al menos deberíamos haber comprendido que cuanto más perfecta es la respuesta, más espantosas son sus consecuencias".

"Sería agradable –pero engañoso– prometer que la socialdemocracia o algo parecido, representa el futuro como mundo ideal... La socialdemocracia no representa un futuro ideal, ni siquiera representa un pasado ideal. Pero es la mejor de la opciones que tenemos hoy".

Mutatis mutandi, las reflexiones que hacía Judt hace once años, de alguna manera son útiles si se aplican al análisis de el estrepitoso recorrido descendente de la centroizquierda en Chile en los últimos años.

En este caso no parece ser la modestia, sino la brutal incapacidad de sus dirigentes la que ha convertido en casi nada el patrimonio político surgido de los logros económicos, sociales y políticos sin precedentes alcanzados en un pasado históricamente reciente.

Ellos no han tenido la convicción ni el coraje de defender los avances cristalizados en los logros de la transición democrática, cediendo con oportunismo y de manera vergonzante frente a los ataques amañados de la izquierda radical, caracterizados por una visión que niega sus alcances y analiza de manera antihistórica las razones de sus límites.

Golpeada y sin discurso, la actitud culposa de la centroizquierda, no le hizo ganar nada, sino perderlo casi todo. Incapaz de producir relevos generacionales, se concentró en la sobrevivencia de corto aliento y a mimar a la izquierda radical, renunciando a una estrategia reformadora de mirada larga, capaz de abordar los grandes temas del siglo XXI.

¿Cómo podrían haberlo hecho de otra manera si han dejado de lado la sustancia de la política que es la construcción del futuro, combinada con la mediación racional de las necesidades del presente?

Cuando se abandona esa tarea, desaparece la política, deja de existir como tal, se transforma solo en un eco complaciente de las demandas urgentes, inagotables y desjerarquizadas de la población, renunciando a la función ordenadora y pedagógica que deben tener los representantes democráticamente elegidos.

Se trata en este caso de un remedo de política, cuyo fin no es la creación de un futuro colectivo sino de asegurar futuros personales. En ese terreno, nunca podrán superar el síndrome que encarna el populismo de derecha y de la izquierda radical, que promete ensoñaciones de un mundo ideal, donde las fronteras de la realidad y la responsabilidad no existen.

Tampoco podrán hacerlo con los pícaros y demagogos que saltan la cuerda, se disfrazan y exhiben su asnada haciendo hablar a Aristóteles en latín y sueñan con reinos imaginarios, transformando la política en un carnaval de alto colorido, combinado con arranques de violencia.

Si no se produce un cambio significativo en la calidad de la política que incluya la existencia robusta de un sujeto reformador y progresista que fortalezca el espacio disminuido de la centroizquierda, el país no podrá alcanzar un desarrollo capaz de crear riqueza y mayor igualdad social a la vez, ni de hacer las transformaciones productivas necesarias para tener éxito en un proceso de globalización cada vez más complejo y exigente. Quedaremos prisioneros de un conservatismo mediocre o de quienes diseñan el futuro con propuestas del pasado.

Ese cambio indispensable no se refleja, desafortunadamente, en el debate político actual. Una buena parte de ese espacio lo ocupan reyertas menores, maniobras traicioneras y palabras desmesuradas.

No es más que ignorancia o mala fe lo que refleja, por ejemplo, la conducta de los convencionales que votaron por levantar la cláusula del secreto de cincuenta años que contempla el informe Valech, la cual se incluyó a demanda de las propias víctimas que en sus declaraciones debían narrar lo inenarrable.

Claro que también se escuchan voces sensatas y dialogantes que tratan de enrumbar, desde diversas posiciones, la competencia electoral y el proceso constituyente, pero desafortunadamente ellas son por ahora minoritarias.

¿Serán esas voces capaces de multiplicarse en la medida en que la vocinglería peleona y vacía se desgaste en su infertilidad y un tono más virtuoso y constructivo se abra espacio en la competencia electoral y en la función constituyente, o deberemos como país atravesar tiempos aciagos, de mediocridad y retroceso antes de volver a la razón democrática?

En verdad no lo sabemos, es muy difícil vislumbrar el porvenir en medio de una neblina tan espesa.

Octubre 2021
La aldea Potemkin

Catalina la Grande (1729-1796) fue una emperatriz de Rusia muy importante. Siendo alemana se convirtió en patriota rusa al casarse con Pedro III de la dinastía Romanov, quien no le hacía el peso.

Catalina era culta, ilustrada, ambiciosa y muy enamoradiza. A Pedro, en cambio, le gustaba jugar en sus aposentos con soldaditos de plomo. Terminaron peleándose duramente. Pedro murió en prisión en 1762, se dijo que de hemorroides, aunque nadie le creyó.

Catalina inició un largo reinado durante el cual realizó algunos actos humanitarios y otros menos, pero sobre todo expandió el imperio ruso e impulsó las ciencias y las artes.

Pese a llevarle 10 años y lucir una contextura muy robusta, se enamoró de un joven teniente, Grigory Potemkin, hombre audaz y de grandes virtudes militares y de estadista. Formaron una pareja que sin ser exclusiva por ninguno de los dos lados, no se disolvió nunca y atravesó su reinado, extendiendo el imperio en medio millón de kilómetros cuadrados.

Grigory, convertido en príncipe por Catalina, condujo dos guerras contra el imperio otomano, conquistando Crimea. Por razones de propaganda organizó un largo viaje de la emperatriz por el río Dniéper para mostrarle "la Nueva Rusia".

El problema fue que durante la navegación lo único que se veía era un gran peladero. Preocupado, nuestro astuto Grigory hizo fabricar una fachada de aldea de madera y cartón que se iba trasladando a medida que avanzaba la real barcaza, soldados disfrazados de campesinos saludaban en cada ocasión a la emperatriz, frente a la aldea de mentira.

Aunque algunos autores dicen que se trata de un mito, la historia trascendió el tiempo, haciéndose sinónimo de una ilusión engañosa.

De pronto tengo esa misma sensación frente a la campaña presidencial de la actual candidatura de la centroizquierda: lo esperable sería que ella representara una opción reformadora y progresista, que adopta una propuesta de metodología de gobierno marcada por un camino de cambios persistentes y graduales, que combinan libertad y mayores niveles de igualdad a través de medidas no polarizantes y mayoritarias destinadas a diferenciarse de la visión conservadora y también de las rupturas abruptas que plantea la izquierda radical.

Sin embargo, el tono del discurso de campaña, la ausencia de crítica al populismo que copa el ambiente, la cercanía de posiciones con la izquierda radical, tienden a quitarle contenido a la singularidad de la propuesta reformadora. De no enmendar rumbos, la tendencia a transformar el concepto de centroizquierda en una coreografía, en una aldea Potemkin y no en un espacio real con un significado político propio, claro y singular, se hace posible.

Ello puede, además, tener efectos electorales negativos. Quienes se sienten atraídos por una posición de izquierda radical, preferirán votar por el producto original y no por el sucedáneo; lo que parece de toda lógica.

Por otra parte, quienes perciban que esa candidatura –pese a llevar el nombre de centroizquierda– carece de un talante reformador y que en buena parte no representa su pensamiento podrán desmoralizarse alejándose de las urnas o, lo que es peor, emigren políticamente en busca de nuevos horizontes.

Lo curioso de este gran malentendido es que sucede justo en el momento en que la izquierda democrática y moderada recupera posiciones en el mundo, particularmente en Europa.

Con el triunfo de la socialdemocracia en Noruega, nuevamente las grandes democracias escandinavas, aquellas que tienen el mejor desempeño mundial, tanto en competitividad como en igualdad y justicia social en el mundo contemporáneo, son gobernadas todas por la socialdemocracia, ya sea en solitario o como parte central de coaliciones más amplias.

En Alemania, la socialdemocracia que algunos consideraban *morta e sotterata* acaba de convertirse en la primera fuerza en las elecciones y es probable que dirija una coalición de cambio y continuidad que reemplazará el largo y exitoso período conducido por Angela Merkel.

Pero también en Europa del Sur la presencia de la izquierda democrática tiende a reforzarse, ya sea en el gobierno, como en Portugal y en España, o como eventual eje de resistencia al avance del populismo de derecha, como sucede con el Partido Democrático en Italia.

Podemos extender este análisis a Nueva Zelanda en Oceanía y, desde otra tradición política, a Canadá o los Estados Unidos, donde el gobierno demócrata encabezado por Biden desarrolla una política a la vez de crecimiento económico y de una distribución del ingreso más equitativa, apartándose de la barbarización que impulsó Trump.

Se comienza a observar en el mundo democrático un cambio por impulsar políticas que no ahonden la brecha de desigualdad y que generen mayor cohesión social, que refuercen los sistemas democráticos erosionados por las tendencias desregulatorias que llevaron al crecimiento de las desigualdades, a la concentración de la riqueza, al surgimiento de tendencias autoritarias y a la desilusión con las tendencias democráticas.

Sin embargo, es todavía temprano para asegurar que este esfuerzo será exitoso y los nacionalismos y populismos perderán fuerzas y volverán a ser tendencias marginales.

Si bien eso no lo sabemos, sí sabemos que en el esfuerzo por lograrlo, quienes juegan un papel decisivo son las fuerzas progresistas y moderadas y no los radicalismos que prometen sueños y cosechan pesadillas.

En nuestra América Latina, incluyendo a Chile, andamos una vez más con el paso cambiado respecto de las tendencias positivas que comienzan a aparecer embrionariamente a nivel global. Por el contrario, estamos llenos de refundaciones sin base, de mesianismos sin destino, mientras la región se aleja del desarrollo y el bienestar y pululan impostores, frescolines de profesión y personajes improvisados.

La política en serio pareciera no tener cabida, un reformismo honesto y eficiente, tampoco. Por ese camino seguiremos asistiendo a debates presidenciales como el primero que vimos, en donde se habló de muchas cosas, algunas de ellas muy contingentes, pero no se dijo casi nada relevante sobre crecimiento económico, distribución del ingreso, volver a la disminución de la pobreza, mejorar la calidad de la educación, la creación de puestos de trabajo formales, de tributación progresiva y de reforzamiento de la inserción del país en el mundo global.

Noviembre 2021
Quince días

Solo quedan 15 días para la primera vuelta de las elecciones presidenciales y todo parece indicar que esa noche habrá un ganador únicamente parcial. Quien ocupará la Presidencia de la República se sabrá solamente en la segunda vuelta.

Es bastante alto el número de personas que no saben por quién votarán y es muy difícil saber cuántas personas concurrirán a las urnas. Sería sorprendente que ese número superara significativamente la baja cantidad de votantes que ha caracterizado los últimos períodos electorales.

No sabemos, en consecuencia, si los resultados que surgen de las encuestas acertarán. Cuando ellas no aciertan, no siempre se debe a que dichas encuestas están manipuladas o sean metodológicamente de mala calidad, más bien se debe a la volatilidad del voto, característica de nuestros tiempos.

Son relativamente reducidos los núcleos de votantes dotados de convicciones duraderas, de cálculos racionales o de pensamiento reflexivo. Lo que predomina ampliamente son los sentimientos, las emociones, las identificaciones con los discursos de los candidatos, la percepción de la empatía y otros aspectos de la personalidad del candidato. Las decisiones también tienen que ver con broncas, rabias, resentimientos, miedos o pulsaciones muy primarias, admirativas o repulsivas.

Como los sentimientos suelen ser inestables, basta una información verdadera o falsa sobre un candidato o un desatino a los ojos del votante para que la ilusión de este se transforme en desencanto y se refugie en la indiferencia o en la búsqueda de virtudes en otro candidato.

Dura ha de ser la vida de sus equipos asesores para encontrar las estrategias adecuadas para que esos desencantos no hundan a un aspirante.

Si no son las adecuadas, pueden incluso empeorar las cosas, como le sucedió al alcalde de Molina en tiempos de la Unidad Popular, quien frente a una huelga de los comerciantes establecidos, los metió a todos presos, creando un escándalo nacional.

"Es un buen compañero –dijo entonces el secretario general del Partido Comunista, don Lucho Corvalán–, lo que pasa es que el compañero por hacerlo mejor lo hizo peor".

La tienen muy difícil los pobres candidatos y candidata, pues nadan en aguas turbias y procelosas.

Quienes se ubican en la derecha, quiéranlo o no, vienen de estar en el gobierno por cuatro años y no les ha ido bien. Claro que les tocó duro, entre estallido social y pandemia, pero esta última les permitió quizás la única gestión exitosa; no reconocerlo es una actitud mezquina de la oposición. El resto fue malito, el Presidente, al parecer, concluirá con una alta reprobación, en parte como fruto de su desprolijidad proverbial, y quizás con una acusación constitucional que no le hace ningún bien a nuestra estabilidad democrática.

Llevan, además, dos candidatos. En un comienzo parecía una estrategia perfecta, uno era movido al centro, como plato principal, acompañado de un aderezo muy conservador para los paladares más tradicionales. Con el tiempo, esos paladares se multiplicaron y los comensales se volcaron a los aderezos, dejando mustio y frío al plato principal. En tiempos tan revueltos y con una izquierda radical fortalecida, el votante de derecha parece querer mano dura, sin pensar que lo que se requiere es liderazgo democrático sereno y prestigioso. La tal mano dura podría producir una inestabilidad aún mayor.

Los que se ubican en la izquierda radical presentan una alianza unida para alcanzar el gobierno y eso les da una ventaja. Lo que tienen menos unidas y más deshilachadas son las ideas y la amistad entre sus componentes.

El actual candidato ganó con comodidad las elecciones primarias, pero su contendor no solo quedó triste, quedó enojado; el hombre se había hecho cachirulos y a los comunistas se les nota a la legua que piensan que los que saben de política son ellos y les cuesta caminar como príncipe consorte dos pasos atrás del ungido. Sobre todo, porque este tropieza a menudo se contradice, no sabe la letra de las canciones que entona, apenas conoce el estribillo y si algo necesita demostrar es capacidad de gobierno y claridad en las ideas.

Si resulta elegido –al igual que cualquiera– tendrá un Parlamento muy variopinto, un enredo con la Convención, una derecha muy herida y ¡sorpresa! una oposición a su izquierda. Aquella izquierda de la violencia, cuyas conductas bárbaras son justificadas por algunos intelectuales como necesidades históricas.

Me refiero a los destructores de las ciudades, de los comercios, del transporte, a los que incendian y disparan en nombre de una histeria identitaria.

Piensan que están refundando algo nuevo, mientras repiten el decimonónico *Catecismo revolucionario* de Bakunin y Nechaev, quienes decían: "Nuestra tarea es simplemente la destrucción, terrible, completa, universal y despiadada; y para alcanzar el objetivo debemos unirnos no solo con los elementos recalcitrantes de las masas, sino también con el mundo de los bandidos, los únicos revolucionarios auténticos de Rusia".

Entremedio, y a medio andar, compite con aplicación la candidata de centroizquierda, quien tiene el problema de haber acumulado muchos actos y dichos que debilitan la representación de quienes abogan por cambios graduales y sólidos.

Los demás candidatos son parte de una coreografía de alto colorido, pero sin destino, cuya razón de existir es necesario buscarla en los testimonios doctrinarios y en operaciones comunicacionales personalizadas carentes de nobleza política.

Este cuadro explica que la campaña se haya desarrollado en tono menor, que los debates no llamen al entusiasmo, que se vieran más trampas y astucias que ideas, que las franjas televisivas tengan más efectos que propuestas.

Mientras tanto, los candidatos a parlamentarios dejaron en su gran mayoría reposar sus convicciones, abrazando causas que les pueden reportar ganancias en sus nichos electorales.

Sobre la Convención Constitucional mantengamos por ahora un circunspecto silencio en espera de eventuales mejorías.

¿Vendrán tiempos mejores?

Difícil imaginarlos, cuando tenemos una economía drogada por retiros y bonos, la fortaleza institucional debilitada y la convivencia democrática alterada.

La capacidad de lograr acuerdos en torno a reformas graduales, que es la única forma probada de progresar en Occidente, después de las experiencias revolucionarias fracasadas del siglo XX, no logra abrirse paso entre los opuestos extremismos.

Ojalá las voces de mayor reflexividad y cordura sean capaces de alcanzar un mayor radio de influencia para lograr levantar propuestas que combinen liderazgo democrático, progreso con justicia social y mayor serenidad en la convivencia democrática.

Diciembre 2021
La segunda vuelta, tiempo de moderación

El día después de la primera vuelta, recibí un llamado alarmado de un colega francés. Me dijo que la información que se difundía allá en los medios académicos, era que había triunfado un candidato fascista nostálgico de Pinochet y que había derrotado a un joven candidato socialdemócrata, que estaba angustiado por la suerte de Chile. En mayo estábamos en las puertas de la refundación y algunos meses más tarde estábamos en plena contrarrevolución.

Después de tranquilizarlo un poco, le dije que el resultado de la primera vuelta electoral no presentó muchas sorpresas. Que las encuestas anduvieron bastante cerca, porque esta vez pudieron captar los humores de la opinión pública chilena, que tal como sucede en todo el mundo democrático, tiene bruscos cambios y que al igual que en Francia, los votantes en la sociedad de la información se mueven más por emociones, empatías, miedos y broncas, que por decisiones ideológicas, lealtades partidistas y ejercicios reflexivos. Ni siquiera por los viejos y queridos intereses de clases, ya que estas tienen fronteras cada vez más borrosas y sus significaciones cambian con rapidez.

Le dije que el candidato de extrema derecha ganó por corta distancia y sin arrasar y que se trata de una suerte de Bolsonaro bien educado y afable. Muy conservador, pero que resulta descomedido tildarlo de fascista, pues ha actuado siempre en política al interior de las reglas democráticas y su discurso si bien privilegia el orden, no aparece como totalitario. Es cierto que tiene más simpatía que crítica hacia Pinochet, pero ese es un rasgo muy común en buena parte de la derecha chilena.

A corta distancia de él, pasó a segunda vuelta un joven dirigente que socialdemócrata no es, al menos por ahora. Si bien luce más moderado que muchos de sus seguidores, sus ideas se inspiran más bien en el pensamiento populista de Ernesto Laclau y de Chantal Mouffe y sus aliados más fuertes –aunque no más cercanos en sus afectos– son los comunistas, que continúan definiéndose como marxistas-leninistas.

Es que triunfaron los extremos, lo que no suele ser lo mejor para la estabilidad democrática, pero el sistema político no está al borde de un ataque de nervios. El número de votantes fue relativamente bajo y ninguno de los candidatos podrá ganar contando solo con los votos de sus feligreses. Deberán contar con muchos votos provenientes de espacios moderados o apolíticos, quienes no gustan de buena parte de sus propuestas, sobre todo las más radicales en una u otra dirección.

El dato más agrio para la democracia fue el hundimiento de la centro- izquierda y el descenso de los sectores más liberales de la derecha. En el caso de la centro-izquierda, el descenso fue brutal, aun cuando el Congreso Nacional tendrá una composición variopinta que generará un organismo equilibrado. Sea quien sea el presidente elegido tendrá en este un contrapeso político, cuestión que hoy adquirirá más importancia que nunca.

La extraña configuración de la elección de la Convención Constitucional en mayo pasado, producto en parte del peso inusitado de un falso independentismo que ocultó una sobrerrepresentación de los sectores más radicales de la izquierda radical, quedó sin continuidad. Fue el sueño fundacional de una noche de otoño, que dejó al país con una Convención cuya composición –por supuesto electoralmente legítima– es hija de una atmósfera que hoy tiende a esfumarse.

Ojalá que los convencionales adquieran consciencia de ello, tanto en su gestualidad política como en la redacción del texto, para que el proceso constitucional siga un camino sereno, sea cual sea el resultado presidencial.

Si ellos, por el contrario, eligen el camino de una fuga hacia adelante marcada por exacerbaciones étnicas, un plebiscitarismo oportunista y algunas otras ideas más bien estrafalarias, podrían generar una crisis de gobernabilidad en un país que parece querer cambios, pero también una convivencia ordenada.

Pienso que no hay que mirar la segunda vuelta con excesivo dramatismo. Los extremos políticos se vuelven peligrosos para el sistema democrático cuando se fortalecen demasiado y de manera unilateral, sintiéndose la encarnación de la voluntad del pueblo, poseedores de la verdad única y líderes indiscutidos. Pero esas condiciones no se dan en el Chile de hoy. Ninguno de los dos candidatos que disputan la presidencia aparece con una fuerza arrolladora y por lo tanto están obligados a trabajar "humildemente", como lo han repetido sin cesar para ampliar sus influencias hacia quienes no se sienten representados por ellos.

Ello requerirá que uno renuncie a los aspectos más reaccionarios de su propuesta y el otro a los aspectos más mesiánicos y refundacionales de las suyas.

Para descrispar la situación política es necesario exigir a ambos una conducta democrática, civilizada en lo nacional e internacional y pedirles que aíslen a los enemigos de la democracia, que existen en ambos bandos, y tal como dijo una vez un ministro hace años, de manera coloquial y con cáustico humor "que amarren a los perros".

Montesquieu, el gran filósofo y también comerciante de vinos, señalaba que "el comercio suaviza las costumbres", de la misma manera que el ejercicio del pluralismo suaviza la convivencia democrática.

En la medida en que se descafeínen los cafés demasiado cargados habrá más posibilidad de que Chile enfrente con éxito los duros tiempos que vienen. Para ello deben descartarse ideas que aumentarán la desigualdad, como la de bajar impuestos o irresponsabilidades como aumentar el gasto social con un financiamiento imaginario.

En la actual situación global marcada por el período pospandémico, un país como Chile no podrá avanzar con altos niveles de conflicto interno, de aumento de la desigualdad, de la violencia, con debilidad institucional y con luchas territoriales que destruyan la cohesión social. Todo ello lo condenaría a la decadencia.

Nuestro país debe retomar un camino de avance pacífico y gradual. Las reformas necesarias deben realizarse de la única manera que la democracia las produce, generando amplios consensos.

Todo sería más simple si las fuerzas de izquierda democráticas y progresista no hubieran desvalorizado su propia obra y hubieran continuado diseñado un futuro para Chile, en lugar de consumirse en disputas endógenas que la llevaron a su autodestrucción electoral.

Ese espacio debería reconstruirse de cabo a rabo, también con fuerzas que hoy aparecen como adversarias entre sí y generar un nuevo sujeto reformador que mejore la actual oferta política a los ciudadanos.

Pero eso será una tarea que requerirá su tiempo.

Enero 2022
Ahora, la realidad

Al realizar el análisis de la primera vuelta de la elección presidencial, decíamos que los candidatos que habían pasado a la segunda vuelta para intentar convertirse en Presidente de la República debían transformar su caudal electoral, que era de alrededor de un cuarto de los votantes, al menos al doble. Difícil tarea, pues a quienes debían convencer no se situaban en las posturas radicales, ya sea de izquierda o de derecha que constituían los núcleos básicos de ambos. Eran votos ajenos, algunos habían apoyado posiciones moderadas, otros posiciones antipolíticas, como en el caso de los votantes de Parisi, y finalmente otros, la mayoría, quienes faltos de entusiasmo, no se habían pronunciado.

Esta ardua misión imponía un gran esfuerzo de moderación y apertura que resultara creíble y atractivo para los votantes del "mal menor", o por lo menos lejanos de sus posiciones. Al mismo tiempo ese esfuerzo debía procurar no hacer rechinar demasiado los dientes de su base más cercana, de tal manera que se quedaran quietecitos, al menos por el momento.

En ese esfuerzo la candidatura de Boric triunfó en toda la línea. Lo hizo admirablemente. Los partidos venidos a menos de la centroizquierda lo apoyaron incondicionalmente y ahora sí, en calidad de apoyo, fueron gentilmente aceptados. Recibió la generosa bendición de figuras fundamentales de la otrora despreciada transición democrática. Diversos cuadros técnicos de prestigio –parte de la ex Concertación– fueron invitados a la revisión moderadora de propuestas económicas, sociales y de políticas públicas, recalculando gradualidades, costos y temporalidades que le otorgaron credibilidad a la construcción de un discurso más amplio y acogedor, capaz de limar asperezas pasadas y de cambiar el tono de la evaluación del pasado reciente, haciéndola más equilibrada y ubicándose como parte de una larga historia progresista. Ello permitió un fuerte crecimiento de sus votantes, que atravesó todos los sectores sociales, equilibró el voto territorial, arrasó en las metrópolis centrales, consolidó la brecha generacional, la preferencia de género y monopolizó las sensibilidades de la modernidad normativa y del espíritu liberal, derrotando el puro discurso del orden y de la involución valórica presente en el adversario.

Kast, por su parte, mostró los límites de su conservantismo, el techo que tienen las nostalgias autoritarias, la incapacidad para acallar las voces odiosas de partidarios misóginos y la impericia para ampliar su visión doctrinaria.

El resultado reflejó fielmente lo acontecido. Boric se expandió al máximo, obteniendo una amplia mayoría que culminó con un discurso que no contradijo, sino que confirmó los cambios del tono de la campaña.

Kast obtuvo la votación clásica de la derecha, cuando ella se muestra incapaz de captar sectores independientes de la ciudadanía. Convengamos, eso sí, que es una votación significativa y constante.

En Europa, desde donde escribo estas líneas, la imagen de Chile ha salido reforzada con el desarrollo de este proceso electoral, por su impecable realización, por la serenidad de vencedores y vencidos y por el cumplimiento amable de los ritos republicanos.

En los grandes periódicos, con ciertos matices entre medios conservadores y medios liberales y progresistas, no se describe la figura de Boric como una figura similar a los líderes del bolivarianismo o del kirchnerismo, que llegan muchas veces al poder para martirizar las democracias. Se le ve más bien como partidario de cambios sociales audaces, pero dentro de parámetros institucionales. Esta mirada podría parecer algo angelical, conociendo su entorno radical, pero así es.

Esta visión europea parece bastante en línea con la reacción más mitigada de lo esperado por parte de los agentes económicos, que han tendido a reemplazar su tradicional histeria por una cierta prudencia no exenta de nerviosismo.

Pero eso es ya el pasado, ahora viene el momento de la verdad.

¿Quién será a fin de cuentas el presidente Boric?

¿Será un hombre de rápido aprendizaje que está sinceramente viviendo un proceso político y cultural que lo lleva a abrazar un camino de responsabilidad gubernamental que lo traslada desde el radicalismo de izquierda en el cual se construyó políticamente a una posición de estadista más próxima a la izquierda democrática, que le permitirá impulsar cambios importantes sobre la base del diálogo, sin producir graves fracturas y polarizaciones que hagan retroceder la convivencia democrática?

¿Quedará, por el contrario, atrapado por un entorno eufórico que considera que una vez asegurada la victoria electoral está ya definida la legitimidad popular y de lo que se trata ahora es de pasar a una etapa "superior" en la cual quienes no concuerdan deben ser arrojados al resumidero de la historia, como decía Trotski?

¿O caminará en medio del vado gobernando a bandazos, avanzando o retrocediendo al son de su popularidad, con andar confuso y cambios de tono que pueden llevar al país a ahondar sus problemas y seguir un camino de mediocridad y hasta de decadencia?

Solo el futuro nos dirá quién es él y qué vía seguirá. Por ahora, lo mejor es postergar el juicio y no acumular prejuicios, contribuyendo a que emprenda el camino más conveniente para el país, a quien no le es útil aumentar su carga de conflictos frente a los duros desafíos que tiene por delante.

Lo deseable es que el nuevo presidente comprenda que la pesada carga de gobernar es extremadamente compleja, que el simplismo es el peor enemigo del buen gobierno, que las verdades absolutas tienen su espacio natural en la fe religiosa, pero ninguno en la construcción política; que la soberbia suele jugar un papel destacado en los regímenes autoritarios, pero que en democracia está fuertemente contraindicada.

El fortalecimiento del desarrollo democrático no depende, sin embargo, solo de la nueva élite gubernamental (porque quiérase o no, eso es lo que han pasado a ser los vencedores). Dependerá también de quienes no estarán en el gobierno desde posiciones reformadoras y de la oposición conservadora, de su apertura al diálogo y a llegar a acuerdos razonables. Todos deberían comprender que nuestra sociedad desea, a la vez, cambios, orden y convivencia democrática. No uno de ellos a cambio del otro.

En este nuevo comienzo tienen más valor que nunca las palabras de Max Weber cuando señala: "Una ética de la convicción y una ética de la responsabilidad no son elementos contrapuestos, sino complementarios", y agrega: "Pues la política consiste en un taladrado fuerte y lento de tablas duras con pasión y mesura al mismo tiempo".

Febrero 2022
Un deseo de esperanza

Hasta hace muy pocos meses, Chile se percibía como un país peor de lo que en realidad era; el camino democrático emprendido hace 32 años parecía lleno de errores y de abusos.

Defender los aspectos virtuosos de ese camino despertaba miradas aviesas y silbidos reprobatorios cuando se hablaba de cifras que indicaban un tránsito desde la medianía hasta el logro de los mejores indicadores económicos y sociales de la región; los rostros se exasperaban y se repetía categóricamente: ¡Las cifras no quieren decir nada!

Curiosamente, después del amplio triunfo de Gabriel Boric, buena parte de ese estado de ánimo parece haber cambiado, de pronto hay más sonrisas que muecas, más esperanza que desaliento, el pasado se mira con mayor ecuanimidad y el futuro, con más serenidad.

Sin duda, el presidente electo tiene importantes méritos en ese cambio, el discurso de la segunda vuelta electoral no cambió después de asegurar el voto moderado o alejado de posiciones políticas, sino que se reforzó con gestos republicanos en sus primeros pasos poselectorales. Describió en términos más equilibrados la construcción democrática que lo precedió y mostró apertura y responsabilidad en el diseño del futuro. Sin renunciar a su intención de cambios profundos, moderó expectativas, acercándose a una visión reformadora y definiendo su espacio como el de una posición progresista, democrática y dialogante.

Tal como el Cid Campeador ganaba batallas después de muerto, él las ganó antes de iniciar su vida presidencial.

Una virtud muy valiosa de quien aspira a dirigir un país democráticamente es la de comprender a qué sectores de la ciudadanía debe convencer para configurar una mayoría que le permita darle gobernabilidad al país.

Fue la experiencia de François Mitterrand, que logró llevar a la izquierda en dos ocasiones al gobierno, durante la Quinta República francesa. En su caso, el problema no consistía en ganar el apoyo moderado, pues tenía una biografía política tibiamente progresista, incluso sus primeros pasos políticos habían comenzado en la derecha.

Habiendo unificado con éxito al Partido Socialista bajo su dirección, un periodista le señaló que mucho elector de izquierda pensaba que él no era verdaderamente socialista, sino que "hablaba" socialista. Mitterrand, con su rostro de esfinge impenetrable le respondió: "Es posible que yo hable socialista, pero lo hablo bien".

Gobernó 14 años y, más allá de sus defectos, marcó profundamente a Francia, política, social y culturalmente y aumentó su papel internacional.

Con todas las diferencias del caso, Gabriel Boric tiene el problema inverso, él se construyó con rapidez y talento, como un líder de la izquierda radical, y ahora debe construirse como un hombre de Estado. Ello significa ganar la confianza de amplios sectores que lo eligieron por su promesa de cambio sereno.

Esos sectores no son ni serán revolucionarios, ellos esperan de su gestión una vida mejor, mayor bienestar social, mejores condiciones laborales, una vejez digna y seguridad ciudadana. Todo ello requiere una economía sólida, crecimiento, orden fiscal, un esfuerzo tributario progresivo, una diversificación productiva y un esfuerzo distributivo. Por ello, cuando tome el timón en marzo no le bastará solamente hablar bien del cambio tranquilo, sino que ello deberá reflejarse en su accionar, en su tono y en su capacidad de conducción.

La conformación de su gabinete ministerial ha sido una señal prometedora de que posee la catadura política para hacerlo.

El gabinete ha sido, en general, bien recibido por moros y cristianos, se ha rodeado de sus cercanos más apreciados, ha puesto en lugares claves conocimiento técnico y experiencia política y no se ha hecho problema en dejar disgustados a quienes hubieran querido un gabinete más estrecho. Ellos han tenido que morder el freno, limitándose a algunas frases asesinas apenas disimuladas, pero es claro que la amplitud les molesta y seguirán refunfuñando.

Pero es necesario ser prudente, esto aún no comienza. Manejar un gobierno ancho y en parte ajeno requerirá maestría y paciencia.

La composición del nuevo Congreso elegido requerirá acuerdos con una derecha herida y fragmentada y con sectores reformadores que lo apoyaron, pero no fueron incorporados al gobierno. Habrá también una izquierda a su izquierda que lo considerará blando y le recordarán frases dichas en otros tiempos; también habrá personas ya mayores en el Congreso que andarán de muy mal humor si el populismo no funciona. Deberá vivir con ello.

Al interior de su propia coalición y del gobierno existirán tensiones impulsadas por quienes lucharán por hacer prevalecer pulsiones rupturistas, pues conviven allí historias y metodologías muy diferentes.

No se equivocaba el dirigente socialista de la Cuarta República francesa, Guy Mollet, cuando decía: "La coalición es el arte de llevar el zapato derecho en el pie izquierdo sin que salgan callos".

El presidente electo deberá transformarse en un eximio artista de ese arte.

Los años que tenemos por delante son años difíciles, las perspectivas económicas mundiales y regionales no son sonrientes y ya sabemos que la pandemia no desaparecerá de un día para otro.

El gobierno saliente deja una herencia con más problemas que logros y no todo es atribuible a él. Hay también responsabilidad de las fuerzas que estarán en el próximo gobierno que contribuyeron al desorden fiscal y a la pérdida de la solidez económica, construida durante años.

No será fácil recuperar lo perdido en años de mal funcionamiento parlamentario y decadencia institucional, habrá que tener presente en cada instante que el populismo nunca ha construido realidades sociales positivas y durables en el tiempo.

Finalmente, este periodo presidencial tendrá que vérselas con el resultado que arrojará una Convención Constitucional que refleja poco ese espíritu positivo que hoy tiende a reinar en el país, sino más bien una propensión al rupturismo y la refundación, la exacerbación identitaria y un doctrinarismo excesivo.

¿Será capaz la Convención de adecuarse a tiempos más dialogantes, abiertos y esperanzadores? ¿O será un factor de entreveros, de conflictos y de ausencia de búsqueda sincera de coincidencias?

Si se transforma en esto último, será un "presente griego" para el proceso democrático. Esperemos que no sea así y que se evite que la propuesta final del texto constitucional refleje un espíritu partisano que en vez de fortalecer y perfeccionar nuestra democracia conduzca a situaciones enfrentadas que deterioren nuestra convivencia.

Quien más puede contribuir a ello es el propio nuevo gobierno a través del tono que adquiera su labor.

Marzo 2022
Ad portas

En pocos días habrá concluido la espera y comenzará un nuevo gobierno.

El gobierno que está en la puerta conlleva muchas novedades, representa un cambio político y generacional profundo, impulsado por una fuerza política construida en pocos años.

La nueva élite dirigente es hija del proceso de modernización reformadora que condujo la transición democrática, a la cual criticó de manera inclemente durante años desde posiciones de izquierda radical en conjunto con fuerzas más tradicionales de la izquierda extrema, en particular por los comunistas. Con ellos constituyeron la actual coalición política, no exenta de fricciones internas. Los une más la necesidad que el afecto.

Como bien sabemos, paralelamente a esto se produjo el suicidio autoasistido de una centroizquierda acomplejada por su obra reformadora, avergonzada de sus logros, achunchada por sus límites y abochornada por sus deslices en permanente estado de disputa interna por trozos de poder y permanencia en los cargos.

A su vez, la derecha se fisuró gravemente y dirigió gobiernos mal queridos. En su seno se abrieron paso sectores liberales, pero también se produjo el decantamiento de una derecha dura con nostalgias autoritarias, que terminó representándola en las últimas elecciones presidenciales.

Cambió, por lo tanto, el cuadro político a favor de los extremos y el espacio moderado del centro y la izquierda democrática quedó huérfano y semivacío.

La elección de convencionales coincidió con el zenit de esa polarización y del culto a la pureza antipolítica respecto a las formaciones tradicionales.

Se generaron todas las condiciones para la santificación de los independientes, personajes desconocidos o muy conocidos por talentos aparentemente lejanos a la política. Se establecieron reglas que los favorecieron y se eligieron muchos independientes que resultaron ser encendidos militantes de diversas causas radicales. Los representantes de los pueblos originarios resultaron ser todos –¡mira por dónde!– de extrema izquierda. Todos ellos han mostrado, en la toma de decisiones, ser más disciplinados que un regimiento prusiano.

Los comunistas aportaron su *savoir-faire* en política y se constituyó así una composición sesgada, con una izquierda radical abultada, bastante diferente en su correlación de fuerzas, de lo que mostraría meses después la elección parlamentaria y presidencial.

En la segunda vuelta, Gabriel Boric, que había llegado segundo en la primera vuelta, tuvo el talento y la habilidad política para comprender que triunfaría solamente a condición de convencer a un sector progresista moderado, no revolucionario, que de ser elegido, garantizaría transformaciones profundas, de manera gradual y respetando las reglas democráticas. Ello le permitió obtener una cómoda mayoría electoral.

Esas señales, continuaron existiendo después de la elección. Boric siguió dando pruebas de morigeración y de sentido de Estado ajenas a refundacionalismos y exacerbaciones identitarias, incluso acercándose a quienes había denostado en el pasado, moderando su visión crítica de la transición democrática y mostrando respeto y quizás hasta una brizna de admiración por sus líderes.

Sin duda, la medida más significativa fue el nombramiento en Hacienda de Mario Marcel. El espíritu refundacional hasta la extravagancia se refugió en los trabajos de la Convención Constitucional.

Pero ahora se trata de asumir el gobierno y las señales ya no bastan. Llega la hora de las decisiones que tienen efectos reales además de simbólicos. Llega el momento donde las promesas y el programa de gobierno deberán confrontarse con una realidad cambiante y compleja. No todo lo prometido será realizable, tal como lo señaló Goethe, "toda teoría es gris, querido amigo, y verde es el dorado árbol de la vida".

Los años de la inocencia quedarán atrás. Como sucede siempre, quien gobierna se transforma de objeto de la esperanza a objeto de la sospecha.

Se pasa a ser, quiérase o no, el centro de la élite política, con enormes responsabilidades de conducción, enfrentando dificultades cotidianas y estratégicas. Se debe aprender a ejercer el poder con prudencia y sin perder el alma.

Un elemento decisivo es la convicción democrática del gobernante, el convencimiento de que su legitimidad no proviene solo del acto electoral sino de ejercer el poder en el respeto de las reglas democráticas. De tener siempre presente que al ganar no se ganó todo y que sus adversarios no perdieron para siempre.

No hacerlo es ajeno a la práctica democrática. Es pensar que alguien posee toda la verdad política. Y la verdad absoluta en democracia no existe, es algo propio de autoritarismos y dictaduras.

Vasili Grossman, el gran escritor ruso nos enseña que en ocasiones la buena voluntad, las excelentes intenciones y querer hacer el bien puede tener efectos perversos, porque el mal puede proceder de aquellos que quieren imponer a todos su particular idea del bien.

La democracia es un sistema que pone cortapisas a ese peligro a través de la separación de los poderes del Estado y los contrapesos del poder que eviten su concentración y que aseguren el respeto de las minorías, permitiéndoles la posibilidad de transformarse en mayoría si los ciudadanos así lo deciden.

Los tiempos que vienen no serán fáciles para el gobierno de Gabriel Boric. Serán tiempos revueltos, los efectos de la pandemia limitarán nuestro funcionamiento.

Se deberá recuperar la caída del desarrollo económico y social. Muchas reformas dependerán de la salud de nuestra economía y el entorno internacional geopolítico será muy incierto e inestable, como lo muestra hoy la situación en el Este de Europa. "El asalto de una autocracia con ambiciones globales a los equilibrios geopolíticos del siglo XX y de la disolución de la ex Unión Soviética, en la que Ucrania es su víctima sacrificial, constituye el primer encuentro directo contra las democracias en el siglo XXI", nos dice Maurizio Molinari, director del diario italiano *La Repubblica.*

Son tiempos en los que Chile no puede convertirse en un país desmadejado en el cual fracase el proceso constitucional como fruto de un espíritu partisano encandilado por sus delirios. Ello le haría un gran daño al país y también al nuevo gobierno.

Por ello es bueno que se amplíe el debate y se diversifiquen las voces. De ahí la virtud de la alerta expresada por la iniciativa de los Amarillos, que debería tenerse en cuenta en vez de ser denostada.

Ninguna autonomía es absoluta en democracia. El nuevo gobierno debiera influir en las fuerzas que lo apoyan en la Convención, alentándolas a lograr compromisos y equilibrios que permitan cambiar el tono del actual proceso, sin duda laborioso, pero muchas veces sordo y destemplado y lograr un texto que proteja la democracia, el bienestar social, la continuidad histórica y que sea aceptable para todos.

Hoy pareciera tener mucho sentido aquella expresión latina que emula el enunciado de Aristóteles *in medio virtus.*

Abril 2022
Elogio de la duda

Según la Real Academia Española, la duda filosófica es la "suspensión voluntaria y transitoria del juicio para dar espacio y tiempo al espíritu a fin de que coordine todas sus ideas y todos sus conocimientos".

La duda alienta el discernimiento y la reflexión por sobre la reacción visceral, atolondrada e impulsiva.

Victoria Camps, la filósofa española nos dice en su libro *Elogio de la duda* que "dudar en la línea de Montaigne es dar un paso atrás, distanciarse de uno mismo, no ceder a la espontaneidad del primer impulso. Es una actitud reflexiva y prudente (...). La regla del intelecto que busca la respuesta más justa en cada caso".

Hay quienes tienen grandes sospechas acerca de las virtudes de la duda sobre todo en política. Ven un divorcio entre la duda y la acción que consideran la tarea propia del político. Arriscan la nariz frente a ella y creen que está destinada a provocar acciones siempre marcadas por la moderación y la lentitud, cuando no, lisa y llanamente, a la parálisis de la acción.

Prefieren la reacción súbita, instantánea, emotiva, la respuesta contundente, clara, aunque sea gruesa y tosca; el planteamiento categórico que se basa en decirle "al pan, pan y al vino, vino", aun cuando no se trate ni de pan ni de vino.

Cuando era dirigente juvenil, hace añares, en una conversación con un dirigente del Partido Comunista de ese tiempo, a quien yo planteaba algunas dudas, él me respondió: "Compañero, córtela con tanto darle vuelta a las cosas, un dirigente está para darle certezas a la gente y no para que anden con ideas que le den vueltas en la cabeza". Fue así como a punta de certezas nos fuimos al precipicio.

La duda no significa parálisis de la acción, abre la posibilidad de llevar a cabo una acción razonada que no elimina los errores, cosa que no es de este mundo, pero que ayuda a reducirlos.

Existen políticos que dudan, como el presidente Ricardo Lagos, a quien no se le puede criticar el carecer de carácter y de audacia en tomar decisiones nacionales e internacionales. Sin embargo, antes de cada decisión realizaba un proceso intelectual de análisis de los pro y los contra, de su efecto a largo plazo para el país con el oído abierto a opiniones diversas. Solo después venía la acción.

Me imagino que al contrario, Vladimir Putin desprecia la duda en política, considera inútil la democracia liberal y su afán es el de recuperar el espacio de la Rusia Imperial. El único lenguaje que le hace sentido es la fuerza, la destrucción y la muerte. Declaró que Ucrania no existía y luego la invadió. Pero la realidad es porfiada, Ucrania tiene una historia antigua y sufrida, está conformada por pueblos diversos, de lenguas distintas, ha atravesado grandezas y pesares. Kiev fue la cuna de Rusia, a la cual después estuvo sometida, pero terminó eligiendo ser, a fines del siglo XX, voluntariamente un Estado Nación. Se dio una estructura democrática y contra todo pronóstico, ha resistido heroicamente lo que debía ser una ocupación relámpago. ¿Qué les une?, ¿qué les dio esta tremenda fuerza? Por supuesto, su larga existencia histórica, pero también el deseo de libertad y democracia, de rechazar el autoritarismo ruso.

¿Es Ucrania una democracia perfecta o tan siquiera exitosa? No mucho si se juzga por las cifras. Tiene problemas e inequidades pero los une el deseo de libertad y de democracia liberal.

Mientras los ucranianos mueren defendiendo la democracia liberal muchos en nuestra Convención Constitucional parecen considerarla un valor menor. ¿Cómo es posible? Quizás lo es porque fue elegida legítimamente en un momento de desvarío electoral, como acto purificador de una institucionalidad democrática que se juzgaba envilecida.

Ello llevó a una sobre representación de independientes, más de nombre que de espíritu. Algunos monotemáticos y otros de un identitarismo exacerbado, poco inclinados a la reflexión conjunta y a la búsqueda de una constitución común, democrática y moderna.

El debate hasta ahora deja poco espacio al pluralismo, reemplaza la duda por la convicción doctrinaria que se ciñe a un solo eje discursivo.

Lee la historia de Chile de manera sesgada, donde solo parece haber existido dominación, abuso y humillación. Es claro que eso, dolorosamente ha habido, pero también durante más de doscientos años se fue creando un tejido social extremadamente complejo y mestizo que logró un mayor bienestar. De todo ello surgió un mestizaje potente, que dio forma a nuestro Estado Nación con un valioso sincretismo cultural.

Tuvimos la ventaja histórica de una independencia temprana y la creación de un Estado laico en el cual si bien subsistió el patrimonialismo particularista, al mismo tiempo y de manera superpuesta tuvieron un precoz reconocimiento las ideas de la Ilustración.

En Chile persisten pueblos originarios, por cierto, y se les deben reconocer sus derechos, sus lenguas, sus costumbres su valor cultural, su normatividad y sus espacios propios de desarrollo. Pero el proceso de mestizaje ha sido enorme, se reforzó con la migración europea y de otras latitudes en los siglos XIX y XX, y se sigue reforzando con la migración latinoamericana del siglo XXI. No hay pueblos puros o enteramente puros en Chile. Nadie puede reclamar pureza en este país. *¡Deo gratias!*

Por lo tanto, me asaltan algunas dudas.

Tengo dudas acerca de la plurinacionalidad de Chile, salvo que usemos el concepto de Nación un concepto complejo en la teoría y en la práctica como una forma literaria. No tengo dudas, sin embargo, de la existencia de multiculturalidad y de multietnicidad en este país mestizo.

Tengo dudas acerca de cambios refundacionales o simplemente de la eliminación de instituciones centenarias y su remplazo por estructuras que no aseguran ni el equilibrio ni el balance del poder político y que podrían concluir generando una mayor concentración del poder.

Tengo dudas acerca de que un país cuya existencia está marcada desde el principio por una fortaleza estatal, que le ha permitido sobrevivir a desastres y peligros, se disuelva en la exaltación de autonomías que nos conviertan en una majamama de comunidades entreveradas y confusas, que nos debiliten y nos arrastren a una lenta decadencia.

Tengo dudas de que nuestra economía pueda sobrevivir a rasgos de populismo permanente y nacionalismos económicos que obstaculicen el camino que ha hecho convertirse a países como los nórdicos en las economías más eficientes y en las sociedades más igualitarias del planeta: la combinación virtuosa de la iniciativa privada y la capacidad estratégica del ámbito público.

No resulta aceptable decir que cualquier constitución será mejor a la que existe. Claro que tendría un origen más legítimo que la constitución de los cuatro generales, pero esa es una comparación ficticia pues han transcurrido 32 años de democracia y se han introducido 257 modificaciones a través de 52 leyes de reforma, muchas de ellas sustantivas. Se requiere, por lo tanto, elaborar una mejor constitución. Una constitución cualquiera puede ser peor para el país.

No vamos por un buen camino, es necesario dudar, reflexionar y darle espacio a los intereses generales para tener una constitución que nos ayude a vivir juntos y refuerce ese "nosotros" que Ernest Renan exigía de una Nación.

Mayo 2022
¿Qué hay de la semejanza?

Vivimos tiempos de elogio a la diversidad, de exaltación de lo distinto, lo que, por supuesto, tiene aspectos que son positivos. Solo respetando las multiplicidad, no discriminándola ni despreciándola se puede lograr una acumulación civilizatoria que permita a un país convivir en democracia y generar niveles de igualdad mínimos, que permitan a cada persona –tenga las particularidades que tenga– desarrollar sus capacidades y vivir su libertad.

Sin embargo, para construir una convivencia democrática se requiere también no desconsiderar la otra cara de la moneda, es decir, la semejanza que existe entre nosotros que puede ser negada en dos ocasiones: cuando quien domina en la sociedad considera al dominado como totalmente diverso y lo discrimina con el corazón ligero porque es un "otro" distinto, por lo tanto, no es su semejante. También se produce cuando el dominado y discriminado se rebela contra tal situación, triunfa y considera que el viejo dominador es el "otro", completamente distinto a él y, por lo tanto, le corresponde desaparecer social y físicamente en el "resumidero de la historia".

Vele decir, si junto a la diversidad no coexiste la semejanza, la convivencia democrática se hace imposible.

Por muchos años el concepto de "raza" fue el gran diferenciador, asegurando una base biológica a quienes eran partidarios de una férrea jerarquía entre los seres humanos. Esto condujo a la prolongada existencia del esclavismo, a feroces guerras y a horrendos crímenes contra la humanidad. Sin embargo, dicha base biológica no correspondía a la realidad, sino a una perversa ignorancia.

Un referente ineludible en el esclarecimiento de las cosas fue el genetista, biólogo y antropólogo italiano Luigi Luca Cavalli-Sforza (1922-2018), notable académico e investigador en las universidades italianas de Pavía y Torino, de Cambridge y de Stanford, uno de los más grandes estudiosos de la genética de la población mundial, quien utilizando un enfoque multidisciplinario, llegó a la conclusión que el concepto de "raza" no tiene una base científica que lo justifique y que el racismo no es más que un prejuicio construido cultural y políticamente.

Antes de que se estableciera la secuencia del genoma humano, tema en el cual posteriormente trabajó intensamente, Cavalli-Sforza probó que el racismo era una actitud mental, no la consecuencia de un dato biológico y que, por lo tanto, del polimorfismo genético de las poblaciones humanas no se pueden sacar conclusiones sociales ni políticas.

De sus investigaciones se concluye que las diferencias genéticas de la especie humana son relativamente pequeñas, en torno al uno por mil. Estas diferencias son por lo demás, superficiales, producto de las diversas adaptaciones de los seres humanos a sus recorridos históricos, geográficos y a factores como el climático que influye sobre el color de la piel.

De esa angosta diferencia, el 90% de la diversidad genética se presenta al interior de un inmenso grupo humano y solo el 10% en otros individuos.

Guste o no, para bien o para mal, los humanos somos "estructuralmente", como tanto gusta decirse en estos días, tremendamente parecidos.

Nuestras diferencias surgen entonces de las construcciones históricas, civilizatorias, de los ritmos de desarrollo; de la complejidad de las sociedades en las cuales nacemos, de cómo vivimos, de las lenguas que hablamos y, por supuesto, de cómo *hélas* desaparecemos...

Pero aun así, ellas se atenúan porque la historia de la humanidad se entrecruza, se relaciona, guerrea, migra, se internacionaliza y concluye globalizándose.

En este gigantesco entrevero, muchas veces injusto, cruel y doloroso, y en otras ocasiones jocundo y creativo, los humanos se mezclan, voluntariamente o a la fuerza y terminan mestizándose y entendiéndose. Sus culturas chocan y a la vez se sincretizan, sus religiones se combaten y después se acercan y en ocasiones se subsumen.

No es propio de este mundo que las purezas ancestrales se conserven como un todo sin fisura. Las culturas y las llamadas cosmovisiones están construidas con materiales frágiles y porosos, con antiguos mitos y nuevas invenciones e imaginerías que muchas veces son funcionales a intereses terrenales de quienes las predican.

Chile y sus habitantes recorrieron una historia particularmente mestiza, producto de su desarrollo, que se tejió con pueblos originarios y dos dominaciones imperiales, la incásica y española, de diversos y más altos niveles de desarrollo económico, tecnológico y político, para después pasar a una independencia precoz, a comienzo del siglo XIX, que la llevó a construir un Estado-Nación, cuya viabilidad no estaba asegurada.

El novel Estado debió elaborarse con materiales muy diversos. Recibió migraciones de diversas latitudes; vivió momentos de paz y de guerra, más momentos de escasez que de abundancia y generó más concentración que distribución del bienestar. Así se escribió nuestra ríspida historia.

Su insuficiente población y su particular geografía exigió más unidad que autonomías y diversidad. Solo en esta etapa de su historia y del nivel de desarrollo alcanzado en los últimos decenios, Chile ha podido aspirar a mayores niveles de descentralización, fomentando la capacidad de iniciativa de sus regiones y territorios y proyección de su diversidad étnica.

En Chile, más allá del predominio abrumador del mestizaje, existen pueblos originarios, alguno relevante en número y vitalidad, otros casi simbólicos y de tenue existencia, que poseen diversidades étnicas y culturales que desean con razón preservar.

Ellos deben poseer un espacio de apoyo, reconocimiento, protagonismo territorial, mantención de sus costumbres y resarcimientos frente a abusos pasados y presentes.

Ello, sin embargo, no transforma a Chile en un país plurinacional.

Aunque, como sabemos, el concepto de nación es muy complejo y se define de manera diferente según las tradiciones teóricas, incluso las concepciones más laxas, exigen el concepto de una comunidad políticamente estructurada en el tiempo además de su base étnico cultural.

Una realidad así en nuestro país no existe, como sí ocurre en países que son bi o plurinacionales.

Alguien podría pensar que para evitar la discusión podría aceptarse el concepto de plurinacionalidad como un recurso retórico, sin mayor contenido práctico.

Pero eso no aparece así en el debate constitucional. De esa definición se desprenden consecuencias de exacerbación autonómica de territorios, de choques incluso violentos de legitimidades contrapuestas, de contradicciones jurídicas que generarán una larga inestabilidad y un debilitamiento de diversas instituciones del Estado-Nación chileno.

No es así que se logrará el equilibrio semejanza-diversidad en el país y se podrá construir una relación igualitaria, respetuosa y de futuro compartido entre el gran mestizaje y los pueblos originarios en el seno de la Nación chilena y, en términos estatales, en un Estado-Nación chileno basado en una vocación social, el ejercicio de las libertades individuales, el respeto de los derechos humanos y la convivencia democrática de quienes habitan su territorio.

Junio 2022
Plebiscito de salida

La práctica referendaria o plebiscitaria tiene un sentido complementario y positivo en la democracia moderna cuando se refiere a la toma de decisiones relevantes para el futuro del país.

Cuando se ocupa de manera frecuente o casi continua para asuntos poco relevantes termina convirtiéndose en una suerte de asambleísmo directo, manipulado la mayoría de las veces por un poder autoritario que debilita la vida democrática y termina reflejando impulsos momentáneos o estados de ánimo pasajeros. La reflexividad se reemplaza por respuestas binarias incapaces de atrapar la complejidad de la construcción política.

Quizás la única excepción a lo anterior, por razones culturales e históricas particulares es Suiza

En el caso del plebiscito de salida para aprobar el proyecto que presentará la Convención Constitucional en Chile, nos encontramos, sin duda, en el primer caso planteado, es decir, en el de las decisiones en extremo importantes para la vida futura del país.

Ello ha adquirido una importancia aun mayor de la esperada, pues el transcurso entre el plebiscito de entrada y el de salida no se ha caracterizado por el retorno a la serenidad en la convivencia democrática. Tampoco por el regreso a la normalidad en las condiciones materiales de los chilenos ni por un mejoramiento del entorno económico y político internacional.

Por el contrario, el mundo que nos rodea vive tiempos aciagos, no solo pues la pandemia no termina de concluir, sino porque la situación geopolítica es grave y dolorosa.

La invasión rusa a Ucrania ha devenido en un conflicto largo y cruel que ha cambiado las coordenadas políticas en Europa. La heroica resistencia de los ucranianos se enfrenta a un Putin fuera de sus cabales, lo que aleja el fin de la destrucción. La economía mundial ha debido rebajar sus expectativas y es muy posible que otros focos de violencia estallen en distintos lugares; fenómenos como la carestía provocada por la inflación están afectando y afectarán en el futuro.

Aun cuando sigue siendo temprano para emitir juicios definitivos sobre el actual gobierno, es claro que sus primeros pasos no invitan, desgraciadamente, a hacerse grandes ilusiones.

Más allá de los errores comprensibles por la falta de experiencia del nuevo grupo dirigente –que las inclusiones de personas con mayor rodaje no alcanza a ocultar– se nota en él una penosa ausencia de cultura de gobierno que los hace contradecirse, paralizarse, avanzar, retroceder y finalmente desproteger el bien público en nombre de convicciones e ideologismos partisanos que generan confusión y son aprovechados por aquellos sectores identitarios o políticos partidarios de la violencia para dejar al gobierno en la peor situación en política: el ridículo.

Los tiempos de adquirir un mayor aplomo se acortan, porque las cifras económicas y sociales no acompañan y tienden a deteriorarse. La reciente cuenta pública del Presidente va en esa dirección. Ojalá sus palabras sean seguidas por la acción.

En el plebiscito de entrada una abrumadora mayoría votó por una nueva Constitución. Si no consideramos para efecto de nuestro análisis aquel 20% que no estuvo de acuerdo, al interior del 80% que aprobó, una parte no menor, a juzgar por las encuestas, está descontenta con la dinámica del proceso constitucional y es crítica del extenso borrador constitucional que ha presentado la Convención.

Ese descontento no es necesariamente conservador y no dice relación con todo lo que contiene el texto. El borrador tiene algunos contenidos propios de una Constitución avanzada, contiene elementos valiosos de vocación social e incluso se podría decir que en su contenido económico, salvo en algunos aspectos que debieran ser corregidos, no conduce a una suerte de catástrofe económica como otros experimentos que han tenido lugar en la región.

Pero el bloqueo del desarrollo económico, social y político no proviene siempre de las definiciones estrictamente económicas. Puede incluso provenir más intensamente de la inestabilidad política, de la ausencia de independencia de los poderes públicos, del debilitamiento de las instituciones, de los espacios de arbitrariedad que genera el paso de una extrema rigidez a una extrema flexibilidad al reducir las disposiciones constitucionales a un estatus puramente legal, pudiendo ser cambiadas por mayorías simples. También por la exacerbación identitaria desmesurada, que da origen a autonomías artificiales y por el exceso de detallamiento de los derechos sociales que obvia la necesidad de recursos para financiarlos.

En otras palabras, una Constitución moderna y democrática no puede equivaler a una visión programática de un sector, aunque tenga mayoría, que como toda mayoría puede cambiar si los ciudadanos así lo deciden.

El borrador que tenemos delante tiene muchos aspectos de eso, así como lo tenía originalmente, aunque después fue morigerado por muchas reformas, la Constitución del año 80.

No conocemos cuál será la decisión de los ciudadanos. Ellos tendrán motivaciones diferentes para aprobar o rechazar porque, seamos realistas, los 499 artículos o los que sean después de la revisión final los leerá un sector exiguo, como sucede en el mundo entero.

Muchos decidirán su voto en torno a algunos puntos que les resulten decisivos, por ejemplo, el de la plurinacionalidad o tal vez prevalezca la expectativa de los derechos sociales; quizás lo hagan a partir de un compromiso emocional con lo nuevo o simplemente, voten el rechazo por el temor a lo desconocido.

Algunos tendrán sentimientos encontrados y aunque deseen una nueva Constitución, el texto no les resultará aceptable. Pensarán que no contribuye a una buena y estable convivencia democrática. Curiosamente otros, pensando de manera parecida, votarán a favor encomendándose a un desarrollo posterior prodigioso que resuelva los problemas.

En todo caso, la vida del país no termina el 4 de septiembre. La Constitución es importante, pero no es un texto sagrado.

La historia de Chile así lo muestra. Varias veces en nuestro camino republicano –para bien o para mal– la voluntad de los chilenos y ciertamente de las chilenas, ha impuesto una realidad muy diferente a la que imaginaron los constituyentes.

Hay países como Estado Unidos, que cuentan con una Constitución duradera en el tiempo, otros que han elaborado múltiples cartas fundamentales que han durado muy poco; otros que poseen constituciones extensas, como India, y hay también países sin constituciones propiamente tales como Gran Bretaña, Nueva Zelanda e Israel. Hay constituciones bellamente escritas, como la italiana, y otras tan enrevesadas que es mejor no nombrar.

Sin embargo, la historia de esos países ha dependido solo parcialmente de sus constituciones.

Por ello y para que el proceso sea lo más reflexivo posible es necesario desdramatizar el plebiscito de salida, entendiendo que los cambios constitucionales seguirán produciéndose posteriormente, ojalá con gradualidad y pacífica estabilidad.

Los convencionales, tengan la seguridad, no habrán oficiado de Padres de la Patria.

Es bueno que el gobierno, con humildad y ojalá con claridad, se prepare para gobernar con ambos resultados, evitando tanto la euforia como la depresión.

Julio 2022
Estado de bienestar y Constitución

Al exponer acerca de cuál es la aspiración de su Gobierno, el presidente Boric dijo en la Universidad de California: "Queremos construir un Estado de bienestar del siglo XXI. Chile tiene la posibilidad de ser atractivo para el mundo".

Lo del siglo XXI resulta de toda lógica. No podría ser del siglo XX, porque ya estaría construido, ni tampoco del siglo XXII, porque sería la aspiración de un profeta más que la de un político. Lo del atractivo de Chile es mejor tener un poco de prudencia y esperar que los halagos vengan desde más lejos.

Al comprometerse el Presidente con la construcción de un Estado de bienestar, lo hace con un concepto que tiene elaboración teórica y práctica histórica, recorridos diversos, momentos de grandes logros y también de crisis, diferencias y puntos en común, elementos que se han mantenido por muchos años y otros que han debido cambiar y adecuarse al surgimiento de nuevas problemáticas y evoluciones económicas, culturales y políticas. Incluido, nada menos que el paso de la sociedad industrial a la sociedad de la información.

En la literatura se encuentran versiones de diversas exigencias para calificar a un Estado como Estado de bienestar y no pocas confusiones respecto de sus elementos constitutivos. Conviene, por tanto, aclarar a qué nos referimos.

No estamos hablando de sus versiones embrionarias como las de la Alemania de Bismark en el siglo XIX, ni de la República de Weimar posterior a la Primera Guerra Mundial.

Tampoco de los aspectos socialmente compasivos de regímenes dictatoriales, ni de las diversas formas de populismos nacionalistas, como tampoco de las grandiosas aspiraciones estampadas en muchas constituciones latinoamericanas, desde la Revolución Mexicana hacia adelante, que no lograron cuajar sino en muy pequeñas dosis. Cuando más grandilocuentes son esas declaraciones, más lejos está el bienestar social de esas realidades.

Pese a su enorme mérito anticipatorio, el *New Deal* del presidente Roosevelt no alcanzó, a mi juicio, a consolidar un Estado de bienestar propiamente tal, sino una extensa red de protección social que tuvo un fuerte avance posteriormente en los años 60.

En los países que no han alcanzado aún el desarrollo, se ha logrado, cuando más, establecer determinados niveles de protección social. En ninguna parte han logrado ir más allá.

Dejo de lado las experiencias totalitarias del fascismo y del socialismo revolucionario, que han resultado, sin excepción alguna un doble fraude, tanto en el terreno de la libertad como en el de la igualdad.

Quien sabe si con la excepción de Suecia, que comienza su construcción del Estado de bienestar muy precozmente en 1932 bajo los gobiernos sucesivos de la social democracia, la concepción del Estado de bienestar es producto de las lecciones adquiridas en torno a la Segunda Guerra Mundial en Europa.

Surge en un continente destruido en buena parte por la guerra, que ha vivido experiencias de horror, genocidios y nacionalismos agresivos, ausencia de democracia y enormes desigualdades sociales. Nace en sociedades que no quieren repetir la experiencia de un Laissez-faire salvaje en su base económica ni caer bajo el dominio totalitario del comunismo.

No es casualidad que entre sus padres se encuentren los liberales progresistas británicos Maynard Keynes, William Beveridge y T.H.Marshall.

Se trata entonces de un intento por conjugar la libertad de un sistema político democrático y pluralista, con una economía de mercado regulada y una sociedad más igualitaria.

Se trata de abrir todas las posibilidades para que las personas puedan expandir sus talentos y desarrollar sus méritos, independientemente de su origen social, pero al mismo tiempo de asegurar estos accesos. Se trata de garantizar que aquellos con menos patrimonio genético e incluso menos méritos no atraviesen la intemperie de la indignidad, asegurando mínimos sociales que permitan a todos los humanos vivir con decoro.

El Estado de bienestar no se basa en una teoría revolucionaria, es una concepción reformadora, no impulsa la lucha de clases sino que busca resolver los conflictos sociales institucionalmente a través de reglas democráticas. Requiere de una economía dinámica, porque la protección social a la cual se compromete no es gratuita, requiere de la creación de riqueza y del espíritu contributivo.

Para distribuir y asegurar la salud, la educación, la seguridad social y la existencia de buenos servicios sociales, se requiere generar un financiamiento adecuado.

Las formas de estas protecciones varían en la experiencia nórdica, en la experiencia continental, en la anglosajona y en la mediterránea.

En cada una de ellas es diferente el rol del Estado, el nivel de mixtura entre lo público y lo privado, en quienes son los proveedores de los servicios, las formas de contribución social y los niveles distributivos, pero en todas ellas el nivel de vida es más igualitario y la pobreza es menor que en el resto del mundo.

Son países cuyo sistema político es la democracia liberal, donde hay una separación equitativa de los poderes del Estado, con equilibrios y contrapesos del poder, con autonomías tendientes a fortalecer y no a debilitar el Estado y con un compromiso sin complejos por mantener la seguridad ciudadana y la paz social.

En todos ellos el monopolio de la fuerza está en manos del Estado y solamente en manos del Estado y sus ciudadanos combinan sus identidades abiertas con un "nosotros" propio del Estado-Nación.

Sus constituciones políticas reflejan esa realidad. El tener constitutivamente una vocación social no significa imponer un signo doctrinario.

Ello no las hace sociedades perfectas. ¡Lejos de ello! Como en toda sociedad humana hay quienes se saltan las reglas y en ellas se cometen injusticias. Las hace solo sociedades mejores.

El proyecto de texto constitucional en Chile, hoy "armonizado y temporalizado", en el cual se describe nuestro Estado como un Estado social, usándolo como equivalente al de bienestar, quizás con algo de pimienta retórica, no calza del todo con el espíritu del Estado de bienestar que hemos descrito. Tampoco constituye una propuesta completamente antagónica, pero está animada de una visión doctrinaria avasalladora y de un acento partisano que la recorre completamente.

Hay quienes piensan que se podrá navegar correctamente en democracia en una nave construida con maderas torcidas e ir enderezándolas durante la navegación.

Con una lógica más exigente se puede pensar que resulta mucho mejor enderezarla antes de empezar a navegar.

Lo único que hace menos dramática esta disyuntiva es que las constituciones políticas en la vida y en la historia de los países tienen un peso menor al que se les supone. Son ellas, finalmente, las que se deberán acomodar a los pueblos y no a la inversa.

Claro, en el intertanto se podrán producir muchos dislates, porque a veces las cosas toman su tiempo…

Agosto 2022
La salida es política

Los primeros meses del gobierno Boric no se han caracterizado por su solidez, por una línea clara de acción y por generar resultados esperanzadores. Claro que ha transcurrido poco tiempo aún y la situación económica global y regional muestra tozudamente que nuestro país, quizás más que otros por sus características demográficas y su estructura económica depende, para bien o para mal, en buena parte de su relación con la economía mundial y sus gobernantes tienen que hacer las cuentas con ello.

A ello se suma la inexperiencia del nuevo grupo dirigente, sus vacilaciones y disidencias internas que multiplican errores y malos entendidos. Da la impresión de que los más experimentados que participan en él tienen dificultades para influir en la construcción de una gobernabilidad de buena calidad. Quizás eso pueda cambiar con el tiempo.

Pareciera que este grupo dirigente, que mostró una gran habilidad para llegar a la cabina de mando del país, una vez logrado ese objetivo no sabe mucho cómo conducir la nave del Estado y cuáles son los botones que hay que apretar. El avión, entonces, tiende a carretear en círculos, sin poder emprender el vuelo.

A lo anterior se suma que dentro de un mes se definirá por un plebiscito la aprobación o el rechazo del proyecto surgido desde la Convención Constitucional, el que –salvo en el caso de los más fideístas que lo encuentran estupendo, sin sentir la necesidad de leerlo– ninguno de los que lo defienden lo califica de muy bueno. Ante las críticas, aluden en su defensa a las virtudes de su origen –lo que es cierto– a la incorporación de temáticas modernas, a la extensión de los derechos y a la definición del Estado como Estado social, lo que también es cierto y contiene aspectos muy compartibles. Sin embargo, sus partidarios no resultan convincentes frente a los grandes defectos de forma y fondo que el texto presenta, frente a la fragmentación que esconde el plurinacionalismo y a los desequilibrios en la organización del sistema político.

Tampoco pueden rebatir que este proyecto no cumple la tarea central de una constitución política, que es la de generar un marco compartido, una base común en la que las distintas posiciones, manteniendo sus diferencias, compartan consensos básicos para lograr una convivencia democrática en la que puedan alternarse programas políticos diferentes.

La propuesta que tenemos ante nosotros es una mezcla de elementos constitucionales con un proyecto programático partisano.

De allí que no resulte sorprendente que estemos lejos de una cierta base de acuerdo sobre el tema y las opiniones estén divididas, siendo imaginable que el Rechazo resulte un escenario posible. Estas diferencias de opinión van mucho más allá de un corte entre izquierdas y derechas.

El presidente Boric ha hecho bien en aceptar la posibilidad del escenario de triunfo del Rechazo. Ha hecho mal, sin embargo, en señalar abruptamente una salida automática, cerrada y con tiempos largos que muchos chilenos no quisieran repetir. Tampoco es correcto plantear que los partidarios del Rechazo carecen de un plan cuando ciertamente han ido surgiendo diversas propuestas. Plantear eso no es inocente, supone que el Rechazo es igual a la incertidumbre y que el Apruebo es sinónimo de serenidad y certeza.

Ello no es así. En ninguno de los dos casos el tema constitucional se cierra el 5 de septiembre.

Si gana el Apruebo, deberá producirse un largo debate interpretativo, una tarea legislativa laboriosa frente a reglas confusas y contradictorias y surgirá la necesidad de modificar reglas que resulten inaceptables para el legislador.

Si gana el Rechazo, el poder constituyente, vale decir el Presidente y el Congreso tendrán que acordar las fórmulas que nos lleven a una nueva Constitución, cuidando que éstas sean diferentes a la reciente experiencia frustrada y que sea capaz de combinar conocimiento y decisión popular. Lo demás huele a manipulación. El tema tiene por supuesto aspectos técnicos y jurídicos, pero lo que está en el centro es la intención política de no quebrar al país en fracciones irreconciliables.

Esta voluntad la debería expresar en primer lugar el Presidente, quien es el Jefe de Estado y debe velar porque dicho quiebre no se produzca y también por los congresistas, en quienes se ha delegado la soberanía popular.

Esa es la tarea primordial que debe cumplir sea cual sea el resultado del plebiscito.

Recordemos, además, que no atravesamos tiempos de glamoroso bienestar, sino tiempos duros en todos los planos. Chile no se puede permitir vivir entre conflictos y violencia, no puede encaminarse hacia la mediocridad y el empobrecimiento, hacia el aumento de las desigualdades y hacia el deterioro de su convivencia democrática.

Ello requiere canalizar las diferencias civilizadamente y lograr acuerdos básicos, que permitan la coexistencia de diversidad y unidad.

Quienes hoy dirigen el gobierno adquirieron el compromiso de liderar un sistema democrático y de proponer cambios al interior de ese sistema, no a cambiarlo por imposición revolucionaria pasando a llevar sus reglas.

El Presidente es el jefe de Estado a la vez que de Gobierno y tiene la responsabilidad de guiar al país en su conjunto y no el de proteger los sueños o pesadillas de sus feligreses.

No es lo mejor para el país y para el propio gobierno, que el Presidente, más allá de sus legítimas preferencias actúe como activista y amarre su destino a una de las opciones en juego.

Podría salir políticamente reforzado, pero también trasquilado y ya hemos visto en gobiernos anteriores que los presidentes trasquilados pierden buena parte de su capacidad de conducción del país.

Hace pocos días falleció un gran intelectual italiano: Eugenio Scalfari, fundador de un periódico prestigioso y popular *La Repubblica*, hombre de una izquierda crítica, abierta y reformadora, quien señalaba que se producen grandes problemas para la democracia cuando se queda "vacío el palacio del poder".

El 5 de septiembre ese lugar no puede estar vacío. Se requerirán del Presidente una gran autonomía intelectual y una mirada de largo plazo que le permita resistir las presiones de quienes quieren ir más rápido que la historia. Solo así podrá abrir caminos de entendimiento y futuro compartido.

Chateaubriand, sagaz escritor romántico y monárquico decía del Zar Alejandro I de Rusia –quien si bien logró derrotar la invasión napoleónica no fue capaz de introducir las reformas modernizadoras básicas que Rusia requería cediendo a las presiones de sus cortesanos–, que si bien el monarca tenía "un alma fuerte, su problema es el de tener al mismo tiempo un carácter débil".

Espero que quienes en nuestro país tienen hoy las responsabilidades de dirección política otorgadas por la ciudadanía muestren un alma y un carácter fuerte el día 5 de septiembre. Chile así lo requiere.

Septiembre 2022
El estallido de las urnas

El sábado 3 de septiembre fue un día extraño, calmo y nervioso a la vez, a fin de cuentas, el plebiscito del día siguiente no era algo banal. Aun cuando no ponía un punto final a nuestro camino constitucional, era un hito cristalizador de tres años irritados y revueltos, donde el ritmo sereno de nuestra convivencia se había perdido.

Desde octubre de 2019 se había roto una cierta normalidad en el procesamiento de los conflictos propios de una democracia. Después de 20 años de impulso propulsivo con resultados bastante mejores que peores para Chile, en los últimos 10 años las cosas habían desmejorado lentamente y había comenzado a desarrollarse una convivencia áspera y agria.

Los logros alcanzados parecían pocos, la paz social algo aburrida, los enojos se habían vuelto desmesurados, todo se volvió sospechoso y la desconfianza aumentó. Las adhesiones a identidades reales o doctrinarias se manifestaron con una expresividad agresiva, florecieron las posiciones radicales intratables en sus principios y enemigas de los compromisos.

Surgió una violencia vandálica que las buenas almas no compartían, pero comprendían. Se realizaron manifestaciones sociales enormes de quienes habían mejorado sus vidas, pero que se sentían todavía muy lejos de la tierra prometida. La percepción de abusos, muchos reales y algunos menos, se volvió retroactiva y la vida en Chile cambió.

La seguridad ciudadana se desmoronó, el insulto y la funa transformaron a las redes sociales en extendidas cloacas. El valor del esfuerzo en el estudio fue reemplazado por un victimismo peleón, todo ello envuelto en una inesperada pandemia, que curiosamente nos mantuvo unidos, pero a la vez psicológicamente afectados y económicamente empobrecidos.

Ello cambió el cuadro político. La izquierda radical cabalgó con éxito el tigre del descontento, sin percibir lo peligroso que es cabalgar un tigre, en particular si uno se llega a caer.

La derecha complaciente y conservadora continuó mezquinando los cambios, quedando estupefacta ante el agudo malestar que se manifestaba sin saber qué hacer, salvo horrorizarse.

La centroizquierda estructurada en sus partidos desertó la reforma gradual, hizo un mea culpa de sus errores, pero sobre todo de sus aciertos, y con desenfadada frivolidad abrazó una radicalidad discursiva que le permitiera sentarse en algunas butacas secundarias en el teatro de la izquierda radical.

En esa atmósfera se conformó la Convención Constitucional, enarbolando las banderas de una reconstrucción total, de refundarlo todo, dejando las menores huellas posibles del impulso reformador que la precedía y elaborando un texto que si bien tiene aciertos que deben ser rescatados, contiene errores peligrosos que el país rechazó secamente.

También en ese ambiente se eligió un gobierno de programa maximalista, con votos moderados, para evitar la extrema derecha. Su grupo dirigente, con contadas excepciones, resultó naturalmente inexperto, pero privado de la modestia necesaria para reconocerlo e informarse de cómo funciona el Estado moderno. Es cierto que le han tocado tiempos duros, pero sus confusiones doctrinarias no han ayudado a que los enfrente con éxito.

Pareciera que el Presidente es una persona de excelentes intenciones, que procura ampliar su mirada y alargarla en bien del país, pero de pronto su intención aparece cercenada en los hechos por su formación político-cultural, por el mesianismo de quienes lo rodean, por la doble falta de mundo y de país que tiene un grupo generacionalmente homogéneo, audaz y decidido, pero de ambiciones largas y de lecturas cortas.

¿Qué sucedió el domingo pasado?

Se produjo un ejercicio democrático imposible de manipular por su extensión, imposible de no escuchar por lo atronador del ruido que produjo y de no ver por su tamaño mastodóntico.

Hubo un nuevo estallido social, esta vez a través de las urnas, que nos dejó a todos con un palmo de narices. Pero como se realizó con lápiz y papel, en este estallido ninguna nariz sangró.

Votaron más de 13 millones de personas, casi todos los ciudadanos habilitados, quienes dijeron a través de una mayoría, que se ve muy pocas veces en una sociedad moderna, que rechazaban el proyecto constitucional que el gobierno, con el Presidente a la cabeza, había declarado hasta el cansancio que constituía algo así como la viga maestra del gobierno.

Aun cuando se quedó sin viga, el Presidente realizó esa noche un buen discurso. El cambio de gabinete realizado dos días después tuvo algo de ópera bufa, pero modificó su composición en un sentido más moderado y experimentado, aun cuando no amplió sus fronteras más allá de las fuerzas que lo apoyaban que están hoy en minoría. Veremos qué sucederá.

Ahora se deberá pensar sin atarantamientos en una nueva Convención con una fórmula verdaderamente representativa, que sea capaz de elaborar una Constitución para el siglo XXI, democrática y social en torno a la cual se pueda generar un sólido acuerdo.

La votación del domingo 5 tiene que ser estudiada con seriedad, basta de interpretaciones doctrinarias, volubles y a la moda, basta de decirnos que la plurinacionalidad es un reclamo urgente de los pueblos originarios, cuando observamos la enorme mayoría del Rechazo en las comunas con los niveles más altos de población mapuche.

Todo indica que, luego de tres años de exaltación, crispación, soberbia y ensoñaciones, resurge en la mayoría de los ciudadanos la sensación de que el método de cambio en democracia es la reforma que conjuga tranquilidad, libertad y bienestar y no la refundación ni la revolución en cualquiera de sus formas.

Nadie tiene las llaves de la historia, ni tampoco una estrella en la frente, como decía Violeta Parra. Llega un momento en el que la gente quiere vivir sus vidas serenamente, proteger sus mundos más íntimos, seguir siendo parte de un "nosotros", con historia, con bandera y también con justicia social y con progreso, mejorando su existencia paso a paso ininterrumpidamente.

La búsqueda ríspida y conflictiva del paraíso terrenal termina produciendo cansancio. Y cuando eso aparece surge la energía para un decidido estallido de las urnas.

El Presidente de la República tiene una gran ventana de oportunidades para convencer a los suyos de emprender un camino diferente, sustentado en una plena convicción democrática, aunque aquello aleje a los fanáticos que son irreformables.

La derecha podría concluir que una actuación modernizadora que no deseche debatir sobre cambios necesarios puede rendirle mejores frutos que la presencia nostálgica de energúmenos reaccionarios en sus filas.

Aquellos movimientos novedosos de centroizquierda, como Amarillos por Chile, mostraron que el deseo de reformismo existe en muchos electores. Hay un mundo progresista que parecía huérfano, que encontró quién le escribiera. Las estructuras partidarias de centroizquierda que apoyan y participan del gobierno, deben repensar cómo jugar un rol sustantivo que ayude a un curso político reformador.

De lo sucedido hace una semana se desprende la necesidad de rebarajar las cartas de la política, de mejorar y adecuar su calidad para resolver los problemas concretos de la gente y construir un bienestar colectivo.

El voto obligatorio contribuyó enormemente para la participación masiva de la ciudadanía lo que, sin duda, deberá mantenerse con el fin de elevar la importancia del elemento distintivo de la democracia, "que las personas sean sujetos políticos capaces de gobernarse y gobernar", como nos señala con acierto el filósofo español Fernando Savater.

Octubre 2022
Los peligros de la hipoacusia en política

Han transcurrido varias semanas desde que Chile fue recorrido por un ruido atronador que provenía de un fuerte estallido, el estallido de las urnas en ocasión del plebiscito

Sin embargo, ese ruido parece haberse atenuado al llegar al palacio de La Moneda. Quién sabe si en ocasión de trabajos de mantención y mejoramientos se instaló un sistema muy de punta para evitar los ruidos molestos que proceden del mundo exterior, de ese lugar donde habitamos el resto de los chilenos.

El rechazo gigantesco que se produjo ante el proyecto presentado por la Convención Constitucional, apoyado por el gobierno como elemento esencial de su programa, parece haber tenido un efecto menor en el grupo dirigente, cuestión que puede significar dos cosas: o tienen nervios de acero o tienen una grave hipoacusia política.

Lo de los nervios de acero no concuerda con su conducta habitual, parecería más bien que no están entendiendo lo que oyen.

El cambio de orientación política que debería seguir a un acontecimiento de esa envergadura todavía no aparece, lo esbozos que hemos observado hasta ahora son insuficientes y más que responder a lo sucedido, responden a los problemas de gestión preexistentes al plebiscito.

Sin duda, el cambio de gabinete fue en la buena dirección. En el corazón del palacio se reemplazó inexperiencia y rigidez por experiencia y empatía, e inexperiencia y euforia por experiencia y profesionalismo. Ello permitirá ampliar el espacio para aplicar políticas más serias, coherentes y eficaces, que refuercen las que se realizan desde Hacienda para que estas no se concentren solo en salvar los muebles, sino para impulsar el desarrollo del país.

Pero esos cambios no pueden enderezar por sí solos el rumbo errático de la actual gestión, se requiere un cambio de orientación decidido para obtener resultados.

Para que esa alteración sea posible, se necesita que la palabra presidencial adquiera consistencia, que tenga duración en el tiempo y que sea seguida por acciones que la hagan real. La palabra presidencial no puede ser una seguidilla de impulsos verbales, que cambian con demasiada frecuencia, que avanzan y retroceden, que tratan de conciliar lo inconciliable a través de compensaciones.

Para ello es indispensable comprender el significado profundo del 4 de septiembre, lograr explicar la distancia que mostraron los chilenos con el proyecto refundacional del gobierno.

Se requiere, en todo caso, una nueva orientación que no renuncie a los cambios, pero que respete una forma de realizarlos que cuente con el apoyo de la mayoría. Es imprescindible, además, una gobernabilidad de mayor calidad.

El resultado de las urnas no es atribuible a un deseo generalizado de volver atrás, de obstaculizar cambios que son necesarios para construir un país socialmente más justo. Quienes piensan así son los menos.

El alma del Rechazo fue un alma moderada, que desea cambios sin trifulca ni atolondramientos, que desea acuerdos y no rostros enfurecidos, que quiere vivir en paz y que las calles no sean campos de batalla de fanáticos enardecidos por sus ensoñaciones.

Así lo mostró el cambio de atmósfera con que se vivieron las fiestas patrias y la rapidez con que se descomprimió la tensión crispada previa al plebiscito. Parecería que comenzó a existir una esperanza de retorno a la cordura.

La gente está ahora en compás de espera. Sabe que la situación económica no es buena y que tardará en recuperarse, lo que no puede esperar es que disminuya pronto la violencia y la criminalidad. Preferirá, sin dudas, que las reformas propuestas no tengan efectos destemplados, sino que mejoren efectivamente sus vidas.

El que la ciudadanía actúe con paciencia democrática no significa que está resignada ante una gestión mediocre de discurso altisonante. Ella no está descorazonada porque sabe que su voto es capaz de cambiar lo que parecía ya un destino. Es hora de prestarle atención a los ciudadanos que no marchan, no gritan, no destruyen, sino que serenamente votan. Al final del día son los más.

No es pertinente entonces decir que "un gobierno no puede sentirse derrotado cuando el pueblo se pronuncia". Cuando en una democracia el pueblo se pronuncia de manera tan elocuente sobre algo impulsado por el gobierno, este tiene el deber de sentirse derrotado y sacar los debidos aprendizajes para encausar su acción posterior, reflexionar acerca de lo errores que seguramente cometió y poner en duda las verdades en las que creyó a pie juntillas.

Esa es la posición democrática: reconocer la derrota y actuar en consecuencia, lo otro es una simple retórica que puede sonar bonita y humilde, pero que no conduce a un cambio de rumbos. Para cambiar rumbos es imprescindible tomar decisiones y evitar las visiones contradictorias que se producen al interior del gobierno que empañan la figura presidencial.

El país no podrá enfrentar con éxito los desafíos que tiene por delante si quienes lo dirigen no generan las condiciones para retomar el crecimiento concordando una buena reforma tributaria progresiva y una reforma de pensiones sostenible, entre otros cambios.

Tampoco lo podrá hacer si no deja de dar señales ideologizadas como lo hace cotidianamente en los más diversos planos, desde los usos diplomáticos, la visión miope del rol de los acuerdos comerciales indispensables para una economía pequeña y abierta como la nuestra, visiones falsas sobre el recorrido de la desigualdad en los últimos decenios y muchas otras señales propias del bestiario maximalista.

El país debe salir igualmente del fracaso constitucional en el que lo hundió la visión refundacional. Es necesario lograr un acuerdo serio para generar las bases de una nueva constitución, democrática social y moderna, en un período razonable.

A pesar de todos los problemas por los que atravesamos, comienzan a producirse cambios en el arco político del país.

Un nuevo sujeto reformador con otras formas y otras tareas comienza a ocupar el gran vacío de un reformismo progresista ¡Quién lo hubiera dicho! Se constituyó con éxito Amarillos y surgirán otras expresiones políticas ofreciendo nuevas alternativas para el futuro.

Aparecen posiciones más maduras y liberales en la derecha que se consideran diferentes a la derecha rígida e inmovilista.

En la izquierda se producirán también cambios y probablemente la hegemonía maximalista actual comience a retroceder.

Si ello es así, podría retomarse una acción política más favorable a amplios acuerdos en torno a las reformas futuras, junto a una gobernabilidad más eficiente centrada en la solución de los problemas acuciantes, desde la seguridad ciudadana a la crisis de vivienda.

Ojalá ello pueda plasmarse antes de que la acumulación de desarrollo y democracia construida en los últimos decenios continúe debilitándose y termine extinguiéndose. En ese caso, volveremos a ver cifras crecientes de desigualdad y pobreza y decrecientes en progreso y crecimiento.

Noviembre, 2022
Tiempos duros, realismo ineludible

Los tiempos que atraviesa el mundo son los más duros después de la Segunda Guerra Mundial. Vivimos un presente sombrío y peligroso, que no deja fuera ninguna región ya sea en Occidente y Oriente, en el Norte y en el Sur.

Según el Fondo Monetario Internacional, el producto alcanzará apenas el 2,9% en 2023. Se vive una crisis en la cadena de suministros, choques de la oferta de energía y otras mercancías básicas, problemas de crecimiento incluso en China, alta inflación en gran parte del mundo, restricción monetaria y otros problemas económicos.

A ello se agrega una situación crítica de la geopolítica global, marcada en primer lugar por la invasión de Rusia a Ucrania, que no termina de escalar, llegando Putin a hablar de la posibilidad del uso táctico de armas nucleares, abriendo así paso al espanto.

Los países democráticos no atraviesan su mejor momento y cuando las cosas no van bien, surge siempre una fatal atracción por la búsqueda de respuestas simplistas y autoritarias, la búsqueda del "hombre de la providencia" y del chivo expiatorio a quien culpar y odiar; la fragmentación del mundo y la paranoia, el espíritu de fortaleza asediada y la desconfianza generalizada.

En este cuadro, desigualdad y pobreza aumentan.

Como si ello no bastara, vivimos un tiempo de postpandemia, donde la pandemia no termina y está al acecho, donde el cambio climático ya está presente y aumenta su presencia a un ritmo inesperado.

América Latina tiene proporcionalmente el mayor número de muertos por la pandemia en relación a su número de habitantes y presenta grandes retrocesos en casi todos los planos, está creciendo menos que la economía mundial y Chile menos aún que el promedio latinoamericano.

Los estudios demoscópicos para la región muestran debilidad en el plano de las convicciones democráticas, aumenta la criminalidad y el narcotráfico, se debilitan las instituciones, los impuestos continúan siendo regresivos y el gasto social si bien ha subido, hay dudas sobre la eficiencia de su uso.

Ha crecido la informalidad laboral y aumentado los niveles de pobreza y de desigualdad, diluyéndose los avances logrados en tiempos de mayor bonanza. Para el año 2023, el crecimiento promedio será de 1,6%, tristemente, y Chile tendrá un decrecimiento de -1,3%.

Sin duda el reciente triunfo de Lula en el país con la mayor economía de América Latina, es algo muy positivo. Se reemplazará un populismo reaccionario por un gobierno de centroizquierda serena, que genera esperanza de recuperación, pero ello no alcanza a cambiar la dimensión general de los problemas en América Latina.

El esfuerzo por revertir estas tendencias en Chile tendrá que ser ciclópeo. Deberá estrechar la brecha de atraso respecto del mundo digital, hacer de la transformación ambiental un arma de desarrollo, avanzar en productividad, competitividad e impulsar el carácter social y democrático del Estado. Vale decir, dejar de lado la retórica ampulosa de nuestros dirigentes, de sus promesas fáciles e incumplibles y de la exacerbación de los conflictos internos paralizantes. Se trata de salir de aquello que Giuseppe Tomasi di Lampedusa señalaba respecto de la Sicilia del siglo XIX, "La complaciente espera de nada" .

Necesitamos menos doctrinarismo, menos constructos teóricos englobadores, como lo es la versión extendida del neoliberalismo que ha convertido una particular doctrina extremista de la economía de mercado, en un monstruo de múltiples cabezas de carácter universal, fascinando a políticos e intelectuales de la izquierda radical, quienes cabalgan tras la terrible bestia imaginaria para matarla de una vez dejando de lado el camino más prosaico, pero más útil de construir respuestas eficaces, graduales y progresistas a los problemas del mundo real.

Se requerirá a la vez flexibilidad y voluntad para encontrar esas respuestas capaces de enfrentar estos tiempos duros, recuperar el crecimiento de la economía, generar puestos de trabajo, hacer descender una inflación tenaz que perjudica sobre todo a los más débiles, evitar las quiebras empresariales y el aumento de la desigualdad y la pobreza.

Es evidente que las razones de estos tiempos duros trascienden Chile y sería injusto atribuirlo por entero al actual gobierno, pero sería igualmente injusto negar el papel que el actual grupo dirigente jugó en el pasado reciente alentando medidas populistas, junto a la casi totalidad de la clase política, cuestión que contribuyó a generar la alta inflación que hoy debemos derrotar.

Salir de la actual situación requiere de un claro cambio de orientación, se necesita realismo y prudencia y, por supuesto, no resucitar consignas majaretas como "realismo sin renuncia", que es un unicornio, un animal mitológico y por tanto inexistente. El realismo significa renunciar, en primer lugar, al irrealismo.

Tampoco se trata de inmovilizarse y de ceder a la tentación conservadora de renunciar a los cambios. Se trata de hacerlos cuidadosamente, evitando al máximo sus efectos negativos, generando mayorías a su alrededor, priorizando aquellos más urgentes, como la reforma a las pensiones y la tributación e invirtiendo el resto del esfuerzo en hacer un buen gobierno, concentrándose en las cosas que más preocupan a la gente, en primer lugar la seguridad ciudadana.

Significa dejar de lado las excitaciones de sectores que hoy son minoritarios, cuyas quimeras no son compartidas por la mayoría de la gente.

La tesonera Ministra Secretaria General de Gobierno se equivoca parcialmente cuando señala "nosotros no gobernamos en función de las encuestas, gobernamos en función de convicciones".

Digo parcialmente, porque es razonable no seguir las encuestas de manera oportunista y es bueno tener convicciones, porque sin ellas no hay conducción. Pero atención, las encuestas por aproximativas que sean reflejan una tendencia mucho más sólida, aquella que proviene del estruendoso fracaso del Apruebo, que más allá de la derrota del proyecto constitucional que apoyó el gobierno, es el vencimiento del horizonte político del grupo dirigente, su estilo y sus planteamientos. Es la exigencia de enmendar rumbos.

Cuando se gobierna en democracia, las convicciones no pueden ser absolutas, deben adecuarse a la voluntad mayoritaria de los ciudadanos.

La necesidad de combinar las convicciones con la realidad es algo que está en la base de la buena política. Isaiah Berlin señala que es talento propio de un político, quien debe actuar inserto en la realidad para procurar conducirla. Max Weber, señalaba lo importante que era en política el que junto a la ética de las convicciones existiera la ética de la responsabilidad. Varios siglos antes, Niccoló Machiavelli señalaba la necesidad de que el Príncipe pudiera siempre combinar la virtud, vale decir, su voluntad con la fortuna, es decir con los avatares de la realidad, las fuerzas en juego y los humores de la polis.

El presidente Boric ha repetido, en diversas ocasiones, su compromiso con la democracia y ha mostrado ciertas intenciones de emendar rumbo, ha renovado el corazón de su gobierno, pero la sinfonía aún no da resultados positivos, dista de tener la armonía necesaria. La música que producen sus amigos de siempre es cacofónica y desentona con frecuencia.

Invoca aires goliárdicos de cuando tocaban en las calles sonidos quejumbrosos y destemplados de los cuales sienten nostalgia. Además, de tiempo en tiempo, aparecen grabaciones con letras agresivas e insultantes que no ayudan a quien dirige la orquesta de gobierno, sobre todo en el álgido tema de seguridad ciudadana.

Los tiempos duros no pueden enfrentarse en democracia con bajo sustento ciudadano y con falta de realismo, ni siquiera con un realismo blando y gelatinoso.

Se requiere ver los hechos de manera descarnada, llamar derrota política a la derrota política y a partir de ahí, intentar gobernar de otra manera, tratando de enderezar lo torcido. Eso se hace con ideas fuerza claras tras objetivos posibles. La cantinela ideologista mejor dejársela a los juglares políticos, que pueden cantarle al poder, pero no ejercerlo.

Made in the USA
Coppell, TX
05 November 2026

11307224R00109